しみる・エモい・懐かしい

大人ことば辞典

ことば探究舎［編］

青春出版社

はじめに

言葉の大人度をアップし、格調を高め、上品にするには、ちょっとしたコツが必要です。

たとえば、次の二つのフレーズでは、どちらが大人度が高いでしょうか？

A　○○さんがおっしゃったように

B　いみじくも、○○さんがおっしゃったように

むろん、Bだと思います。「いみじくも」という一言を足すだけで、一気に格調が上がります。会議などで使えば、聞く人に「多少は日本語を心得ているようだな」と思われること請《う》け合いです。あるいは、

C　たまたま、旧友と出会いましてね

D　たまさか、旧友と出会いましてね

では、Dのほうが、上品かつ洗練されて聞こえるはずです。

こうした昔から使われてきた日本語は、いわば、言葉のなかの〝古典落語〟といっていいでしょう。古典落語が時代を超えて今に残り、新作落語を超える魅力も備えているように、こうした日本語も、長い時間に洗われ、新しい言葉にはない滋味に溢れています。時

空を超えて今に残り、大人たちに使われている逸品ぞろいなのです。

　というわけで、本書には、やまと言葉から、天気や季節をめぐる美しい言葉、昭和のフレーズ、慣用句、ことわざ、文学的言い回しに至るまで、覚えておいて損のない「大人ことば」を満載しました。

「よしなに」「ゆくりなく」「お平らに」「聞こし召している」「ご無理ご尤《もっと》も」「暮れ泥《なず》む」「言祝《ことほ》ぐ」「箸の上げ下ろし」「授《さず》かりもの」「人情紙風船」などなど、この本で、大人社会で通用する日本語を身につけることができるはずです。

　それでは、広く、深く、豊潤な言葉の大海に飛び込んで、いまの自分にぴったりの言葉を探す旅に出発しましょう。

２０２３年３月

ことば探究舎

しみる・エモい・懐かしい　大人ことば辞典＊目次

4章

懐かしくて役に立つ教養としての「大人ことば」 101

6章 知的な「大人ことば」の使い手になる【慣用句編】

カバーイラスト◉こよ／アフロ
DTP◉フジマックオフィス

1章

しみる・エモい・懐かしい

「大人ことば」の世界

1 いまこそ残したい〝昭和の大人〟の言い回し

名《な》折《お》れ

名を汚すこと。不名誉。「ここであきらめてしまっては、私どもの名折れです」など。

造《ぞう》作《さ》もないことです

相手から「お手数かけました」といわれたときに返すフレーズ。たいした面倒ではなかったという意味。人に頼むときには「ご造作おかけします」。

お見《み》限《かぎ》り

お客がしばらくその店に姿を現さないこと。たとえば、しばらく顔を見せなかったお客に対し、店主らが「これは、めずらしい。すっかりお見限りで」のように使います。

よしなに

よいように。よろしく。「よしなに、お伝えください」、「なにとぞ、よしなに、お願い申し上げます」のように使います。

お見知り置き

相手が「見て覚える」ことへの尊敬表現。「どうぞ、お見知り置きください」というと、「どうぞ、（私のことを）覚えてください」という意味。

立《た》つ瀬《せ》

自分の立場や面目のこと。大人の会話では、「（私の）立つ瀬がございません」という形でよく使います。

ご同慶《どうけい》の至《いた》り

相手にとって慶《よろこ》ばしいことが、自分にとっても慶ばしいこと。「社業、ご発展のご様子、ご同慶の至りです」などと、今はおもに手紙文で使います。

聞《き》こし召《め》している

相当に酔っているさまを表す言葉。「いつにもまして、聞こし召しているようです」といえば、ふだん以上に飲んで、酩《めい》酊《てい》状態にあるという意味。

聞くとはなし

意識して、聞いていたわけではないが、という意味。「聞くとはなしに聞いていたのですが」のように使います。

差し障《さわ》り

具合の悪い事情。差し支《つか》え。「差し障りがあって、今回は伺えません」など。また、「差し障りのない話」や「差し障りのない範囲で」では、「迷惑」という意味で使われます。

一方《ひとかた》ならぬ

普通ではない。並ではない。「一方ならぬお世話になり～」、「一方ならぬご配慮を賜り～」のように、相手に感謝するときに使います。

何くれとなく

あれこれと。何やかやと。「何くれとなく、面倒をみてもらっています」「何くれとなく語りあった」など。

惜《お》しむらくは

「残念なことには」の古風な言い方。「惜しむらくは、1か所だけミスがあります」、「好漢惜しむらくは、血気に逸《はや》るところがあり～」のように使います。

望むらくは

望むところは、という意味。「望むらくは、この点に手を加えていただければ」などと使います。

～の誼《よしみ》で

「誼」は、ゆかりや縁のこと。「○○の誼で、よろしくお願いします」という形で、人の縁を頼るときに使います。「昔の誼で」、「ご近所の誼で」、「同窓の誼で」のように。

身ぎれい

欲得にまみれず、身辺をきれいに保つさま。「大事の前には、身ぎれいにしておいたほうがいいよ」など。

～に免じて

人の功労などに免じ、失敗を許すときに使う言葉。「私に免じて、この場はおさめいただけませんか」、「○○さんに免じて、この場は引き下がります」など。

いかばかり

どれほど。どれくらい。「お喜びのほど、いかばかりだったでしょうか」、「心痛のほど、いかばかりだったことか」などと使います。

2 懐かしいけれど、かえって新鮮な言葉

命冥加《いのちみょうり》

神仏の力によって、命拾いすること。「大事故に遭遇したが、命冥加にも生き残る」などと使います。

お持《も》たせ

お客が持ってきてくれた手土産。その手土産をすぐに開けて、来客本人に出すときは、「お持たせで申し訳ありませんが」と断るもの。なお、自分が持参したみやげは「手土産」。

詠《よ》み人知らず

作者のわからない和歌。俗に、作成者のわからない怪文書なども、こう呼ぶことがあります。

星回り

しぜんに回ってくる運命のこと。「星回りが悪かったんだよ」など。

不案内

勝手をよく知らないこと。「このあたりは、不案内なものですから」、「この分野は、不案内なもので」など。

腹芸《はらげい》

政治力や人間力で、物事を処理するさま。「○○さん一流の腹芸だね」、「腹芸に長《た》けた政治家」など。もとは、腹に顔などを描いて動かす芸や、人の腹の上に乗ってする芸などを指す言葉。

初一念《しょいちねん》

最初に抱いた志。最初の決心。「初一念を貫く」など。

ことほどさように

今、述べたように。その程度に。それくらい。「ことほどさように、事態は変化しております」など。

手《て》ずから

自分自身の手で。「先生が手ずからつくった作品」などと使います。

お手回り品

旅行などに携帯する品。あるいは、身の回りに置いて使う品。今は前者の意味で、接客用語としてよく使われています。「お手回り品をお預かりいたしましょうか」など。

お口汚し

人に料理を勧めるときに、へりくだっていう言葉。「ほんのお口汚しですが」、「お口汚しにいかがかと思い～」などと使います。本来は、食べ物が少ししかなく、「お口を汚す程度しかありませんが」という意味。

お口直し

味のよくないものを口にしてしまったあと、その味を消すために、別のものを食べること。「お口直しに、どうぞ」のように使います。

なりわい

暮らしていくための仕事。生活費を稼ぐための仕事。「○○をなりわいといたしております」などと使います。

勝手向き

暮らし向き、家計のこと。「勝手」は台

所を意味し、「勝手向き」は「台所事情」と同様の意味になります。

口添え

脇から言葉を添えること。「お口添えいただければ、幸いです」など。

お裾《すそ》分《わ》け

貰い物をさらに人に分け与えること。「お裾分けで申し訳ありませんが」、「お裾分けにあずかりまして」など。

お膳《ぜん》立《だ》て

支度《したく》。下準備。もとは、お膳の上に料理や食器を並べ、食事の用意をすること。そこから、下準備という意味で使われるようになりました。「お膳立てはすっかり整っています」などと使います。

邪魔だて

わざと邪魔をすること。「邪魔だては、おやめください」など。

ひとくさり

話のまとまった一区切りのこと。「自慢話をひとくさり聞かされました」など。「くさり」は、漢字では「齣」と書き、講談や物語、音曲などの一つの段落のことです。

打ち水

庭や道に水をまくこと。とくに、夏の夕方、涼をとるため、庭に水をまくこと。「庭に打ち水でもしましょうか」など。

ざわめき

ざわざわと騒がしい音。「場内のざわめき」、「木々のざわめき」など。

しじま

静まりかえっていること。物音ひとつしない様子。「夜のしじま」など。漢字では「静寂」と書きます。

せせらぎ

川の流れる音。「せせらぎに耳を傾ける」などと使います。

今日様《こんにちさま》

「お天道様」や「日輪様」と同様、太陽を敬う言い方。「その日を守る神」という意味。「今日様が見ていますよ」などと使います。

不束《ふつつか》

行き届かないさま。「不束ながら、精一杯務めさせていただきます」、「不束とは存じますが」などと使う言葉。

3 面白くて懐かしい あんな言い方、こんな言い方

心ここに在らざれば

心が他のものにとらわれていること。中国古典の『礼記《らいき》』を出典とし、このあと「視れども見えず」と続きます。

日がな一日

一朝から晩まで。日本語に「がな」という言葉はないので、「日長《ひなが》」の「なが」という音が反対になったという説が有力です。

もしもの事

万が一のこと。思いがけない出来事。「もしもの事があったら、いかがいたしましょう」など。昔は、不吉な言葉をなるべく口にしないようにしたところから生じた婉曲表現といえます。

身過ぎ世過ぎ

生活する手段。「所詮、身過ぎ世過ぎのための仕事ですよ」など。

箸《はし》の上げ下ろし

細かな行動やしぐさ。「箸の上げ下ろしにもケチをつける」というと、ささいなことにいちいち文句をつけるさま。

行く行くは

将来は。行く末は。「行く行くは社長になる器」など、ポジティブな将来を予想するときに似合う言葉です。

世が世なら

世の中が、もし昔どおりであれば、という意。「世が世なら、殿様と呼ばれるご身分です」など。

願ってもない

相手の提案や誘いを快諾するときに使う言葉。「願ってもないお話です」など。

ご愛敬

「愛敬」は、女性や子供がにこやかで可愛らしいさま。一方、「ご愛敬」と「ご」をつけると、興を添えるほどの軽い失敗という意味にも使われ、「あの程度の失敗は、ご愛敬だよ」のように使います。

味な真似

なかなかしゃれた真似。趣向があって、小癪《こしゃく》なさま。「ああ見えて、なかなか味な真似をするんだよ」などと使います。「乙な真似」も、ほぼ同じ意味。

おいといください

「いとう」には、嫌う、避けるという意味のほか、いたわる、大事にするという意味もあります。「おいといください」は後者の意味で、「どうぞ、お体をおいといください」のように使います。

世迷い言

わけのわからぬ繰り言。不平や愚痴。「世迷い言を並べる」など。

御身《おんみ》

相手の体を敬っていう言葉。今は、おもに手紙文の締めの言葉で、「不順な季節です。御身お大切に」のように使います。

4 その「〜もの」ってどんな「もの」？

到来《とうらい》もの

よそからのいただきもの。お客にいただきものをすすめるときには、「到来ものですけれど」と断りながら出すもの。「頂戴もの」も同じ意味です。

お遣《つか》いもの

ご進物。人に贈るもの。「お遣いものにいかがですか」、「お遣いものにぴったりですよ」など。

ささやかなもの

人にものを贈るとき、謙遜して使う言葉。「ささやかなものですが、お納めください」など。「心ばかりのものですが」も同様に使える表現です。

結構なもの

申し分のないもの。よいもの。こちらは、人からものをもらったときに使う言葉。「結構なものを頂戴し、誠にありがとうございます」など。

お手のもの

まるで、自分の手の中にあるように、よく慣れていて、たやすくできること。「料理なら、お手のものです。おまかせください」など。

癖のないもの

〝癖のある〟ものが多い種類の飲食物を頼むときに使う表現。チーズやモルトウイスキーなどを頼むときに、「癖のないものをいただけますか」のように注文します。

授《さず》かりもの

産まれてくる子供のこと。「こればかりは、授かりものですから」などと使います。もとは、神仏から賜るものを指した言葉。

先立つもの

先に必要なもの。つまりは、お金のこと。「あいにく、先立つものがなくて……」など。

失《う》せもの

なくしたもの。おみくじでよく目にする言葉。

切腹《せっぷく》もの

昔だったら、切腹しなければならないほどの大きな失敗。「まさしく切腹ものの大失態ですよ」などと使います。

冷や冷やもの

気が気でないさま。びくびくもの。「最後まで、冷や冷やものでしたよ」などと使います。

お召しもの

人の着ている衣服への尊敬語。「きれいなお召しものですね」など。「召す」は、「食べる」「飲む」のほか、「着る」「履《は》く」の敬語としても使われる動詞。

5 「お金」をめぐるハッとする表現

お茶代にも足らない

小額のお金を形容する言葉。心付けを渡すときなどに、「お茶代にも足らないかもしれませんが」のように使います。

物入り

お金がよく出ていくこと。費用のかかること。「近頃、何かと物入りなものですから」など。この「物」は、お金の婉曲表現で、出費や散財を意味します。

手許《てもと》不《ふ》如意《にょい》

お金がないさま。「あいにく、手許不如意なもので」など。「不如意」は「意の如くにできない」ことで、思いのままにならないという意味。

用立てる

「金を立て替える」、あるいは「金を貸す」ことの婉曲表現。「いくらか、用立てる」といえば、「いくらか、金を貸す」こと。

持ち合わせ

そのとき、持っている金銭。「あいにく、今日は持ち合わせがなくて」のように使います。

御《お》捻《ひね》り

お金を紙に包んで捻ったもの。神仏に供えたり、ご祝儀として芸人に渡したりします。「舞台に御捻りを投げる」など。

お返し

もとは、お祝い金の半返しなど、返礼として贈り返すこと。今は、お客に返す「お釣り」のことも、こう呼びます。「40円のお返しです」など。

心付け

世話になった人に、謝礼として渡す金銭。「運転手さんに心付けを渡しておいてください」など。

6 大人なら頭に入れておきたい「やまと言葉」

暮《く》れ泥《なず》む

日が暮れそうで暮れないさま。おもに、春、日が長くなった時期の形容に使います。「泥む」は、なかなか進まないこと。

ゆかりがある

関わりやつながりがあること。「〇〇家とゆかりがある方」など。

お目もじ

「会う」ことの謙遜表現。漢字で書くと「御目文字」で、もとは宮中で使われた女房言葉。古語系の言葉は、その「過剰さ」がユーモアを醸し出すことも。この言葉も、「一度、お目もじに上がりたいと存じます」といえば、多少のユーモアをまじえながら、敬意を表せます。

ゆくりなく

思いがけず。偶然に。「ゆくりなくも、旅先で友人と出会う」など。「ゆっくり」という意味ではないので、注意。

つつがなく

「平穏無事に」の古風な言い方。「おかげ様で、つつがなく暮らしております」など。「つつがなく」は寄生虫の「恙虫《つつがむし》」がいない」ことを語源とする言葉。

いみじくも

まことに適切に。古語「いみじ」（「すばらしい」という意）に由来する語。「いみじくも、○○さんがおっしゃったように」は、「○○さんがすばらしい表現をされたように」という意味。

露《つゆ》ほども

少しも。「露ほども知りませんでした」、「露ほども疑いませんでした」のように、下に打ち消しの言葉を伴い、「少しも～ではない」という意味をつくります。「露とも」も同様に使える言葉です。

仰《おお》せ

目上の「言葉」への尊敬表現。「仰せのとおりにいたします」、「仰せに従います」など。なお、「仰せつかる」は「命令を受ける」ことの尊敬語。「仰せのままに」は「おっしゃる通りに」の尊敬語です。

しめやか

しんみりとしたさま。「葬儀がしめやかに営まれました」など。もともとは、ひっそりと静かなさまという意味で、今も「しめやかに雨が降る」などと使われています。

含みおく

あらかじめ、了解しておくこと。「どうぞ、お含みおきください」は、相手に根回しをしたり、裏事情を説明したりするときに使う大人のセリフ。

お慕《した》いする

恋しく思うこと。「娘が、先生をお慕い申し上げているようです」、「一途《いちず》にお慕いしています」など。

心待ちにする

今か今かと思いながら待つこと。「コロナ禍ということもあって、しばらく会っていない息子家族の帰省を心待ちにしています」、「春の訪れを心待ちにしています」などと使います。

心を寄せる

好意を抱く。思いやる。「同級生に心を寄せているようです」など。

遣《や》る瀬ない

思いを晴らせず、切なく思う気持ちを表す形容詞。「遣る瀬ない気持ちを如何ともし難い」、「無力な自分を遣る瀬なく思います」などと使います。

心ならずも

不本意ながら。やむをえず。「心ならずも、中止を余儀なくされました」など。

心ゆくまで

思う存分。満足のいくまで。「心ゆくまで、お楽しみください」、「心ゆくまで、ご覧ください」など、今は「接客用語」としてよく使われています。

面《おも》映《は》ゆい

恥ずかしい。こそばゆい。「おほめにあずかり、面映ゆく思います」など。「面映ゆい」は、もとは、顔（面）を合わせると、目《ま》映《ばゆ》く感じられるという意味。

忝《かたじけな》い

感謝にたえない。ありがたい。「この度

は、ひとかたならぬお世話になり、かたじけなく存じます」、「ご懇情、かたじけなく存じます」のように、今はおもに手紙文（改まったメール文）で使う言葉。

痛み入る

相手の配慮や親切に対して、恐縮するという意味。「ご親切、痛み入ります」、「お気遣い、痛み入ります」など。

恐れ多い

感心する。恐縮する。「誠に恐れ多いことです」、「ご厚情のほど、恐れ入ります」、「口にするのも恐れ多く」のように使います。

端《はし》なくも

「思いがけなく」のちょっと古風な言い方。「端なくも、おほめにあずかりました」が、今の定番の使い方です。

言《こと》祝《ほ》ぐ

祝うこと。祝いの言葉を述べること。今は、「新年を言祝ぐ」、「新春を言祝ぐ」など、おおむね「新年用」です。「寿ぐ」とも書きます。

心《こころ》急《せ》く

気が急いて、いらいらする。心がいらだ

つ。「いささか、心急くことがございまして」というと、「少々あせっています」という意味。

思いを馳《は》せる

遠く離れているものを思う。想像する。「馳せる」のもとの意味は、馬を走らせることで、そこから「思いを走らせる」という意に。「故郷に思いを馳せる」、「離れて住む妻子に思いを馳せる」、「在《あ》りし日の姿に思いを馳せる」など。

思《おぼ》し召す

「思う」の尊敬語。「そのあたり、いかが思し召しですか」など。

慮《おもんぱか》る

考慮する。思いをめぐらす。「事情を慮る」、「将来を慮る」などと使います。「おもんばかる」ではなく、「おもんぱかる」と読みます。

慈《いつく》しむ

子供や弱い者に愛情をそそぐこと。「愛《まな》娘《むすめ》を慈しむ」、「老いた母を慈しむ」など。「いとおしむ」も同様に使える言葉です。

7 へりくだる言葉、気遣う言葉

微意《びい》

自分の気持ちを謙遜して表す語。「感謝の微意を表《ひょう》させていただきます」など。

寸志《すんし》

「寸」には小さなという意があり、「寸志」はもとは「微意」と同様、自分の気持ちや志を謙遜して表す言葉。ただ、今は、心ばかりの贈り物、とりわけ餞別や小額の寄付を表す言葉として使われています。

印《しるし》ばかり

ほんのわずか。形だけ。「印ばかりの贈り物ではございますが、どうぞお納めください」などと使います。

及ばずながら

「行き届きませんが」、「十分ではありませんが」のやや古風な言い方。「及ばずながら、お手伝いさせていただきます」など。

至らないばかりに

行き届かないばかりに。「私どもが至らないばかりに、かくなる仕儀に相成り～」のように、謝罪用に使う言葉。

もったいない

対人関係に関して使う場合は、恐れ多い、ありがたいという意。「御配慮、もったいなく存じます」、「もったいないお言葉、恐れ入ります」など。

おこがましい

身のほどをわきまえないさま。「諸先輩をさしおき、おこがましいのですが」、「おこがましくも、申し上げるのですが」など。

さしでがましい

出すぎているさま。「さしでがましいようですが」、「さしでがましいことを申し上げるようですが」のように、自分が〝前に出る〟ときの前置きとして使います。

柄にもない

自分の性格や地位、能力と合わないさま。「柄にもないことを申し上げました。ご容赦ください」のように使います。

お言葉を賜る

声をかけてくれた目上への敬意を表す表現。「賜る」は、いただくこと。「過分なお言葉を賜り、恐縮しております」などと使います。

差し控える

控えめにする。見合わせること。「外出は差し控えております」など。単に「控える」というよりも、謙遜のニュアンスを含む動詞。

なにぶんにも

なんといっても。謙遜するときには、「なにぶんにも、非才の身でございまして」、「なにぶんにも、経験不足でございまして」のように使います。

陰《かげ》ながら

表立ってはできませんが、という意味の大人語。「陰ながら、応援しています」、「陰ながら、ご盛会をお祈り申し上げます」など。

2章

人間関係をめぐる毎日の「大人ことば」

8 「人」をめぐる懐かしくてしみる言い方

お歴歴《れきれき》

身分や家柄の高い人々のこと。「お歴歴にお集まりいただく」、「お歴歴が勢ぞろいする」などと使います。

ふりの客

紹介や予約のない客。もともとは遊里《ゆうり》で使われた言葉で、遊女がそういう野暮な客を嫌うことを「ふり」といったことに由来するという説が有力です。のちに水商売全般で使われるようになりました。

素封家《そほうか》

特別な地位は持たないものの、財産はある人。「彼の実家は、この地域きっての素封家です」など。

存じ寄り

知り合いを意味する懐かしい言い方。「近くに存じ寄りの者がいますので」などと使います。

生き写し

亡くなった両親や祖父母とそっくりであること。「お父様の生き写しですね」などと使います。

石《いし》部《べ》金《きん》吉《きち》

生真面目で融通がきかない人のこと。「石」と「金」という〝かたいもの〟を人名のように並べた言葉。

お天気屋

気分や機嫌が、天気のようにころころと変わりやすい人。「お天気屋のいうことを気にしないことですよ」などと使います。

子《こ》福《ぶく》者《しゃ》

多くの子供に恵まれた幸せな人。「三男四女、うらやましいほどの子福者です」などと使います。

泥棒猫

おもに、夫や恋人を寝盗られた女性が、

浮気相手の女性を罵る言葉として使われました。「この泥棒猫が。いいかげんにしなさいよ」という具合。

山の神

もとは、山をつかさどる神のことですが、中世以降、恐い妻を指すようになりました。「うちの山の神がうるさくてね」という具合。

谷町《たにまち》

相撲界の用語で、後援者のこと。明治時代、大阪の谷町筋にいた相撲好きの外科医が、力士から治療代をとらなかったことに由来します。

しかるべき筋

警察、裁判所などを婉曲に表現する言葉。「しかるべき筋に訴え出ましょうか」など。

冷や飯食い

居候のこと。江戸時代は、おもに家を継げない次男以下の者を指しました。「部屋住み」と同様の意味。「冷や飯食いの身の上ですから、大きなことは言えません」など。

薩摩守《さつまのかみ》

無賃乗車すること。『平家物語』にも登

場する武将・平忠度《ただのり》が薩摩守であったことから。「忠度」と「ただ乗り」をかけたシャレ言葉。

左利き

酒飲みのこと。江戸時代の鉱夫が、左手に鑿《のみ》を、右手に槌《つち》を持ったことから、左手（左利き）は「のみ手」で、そこから「飲み手」を意味するようになりました。

汝《なんじ》

二人称の人代名詞。あなたという意味。「汝姦淫するなかれ」、「汝の隣人を愛せよ」など。

御曹司《おんぞうし》

名門の子弟。平安時代、まだ独立していない公家の子弟を「御曹司」と呼んだことに由来します。

司々《つかさつかさ》

多くの役所や役人という意。「司」一字で官庁や官吏を意味し、それを重ねた「司々」は辞書には載っていませんが、日本の政官界では官庁や官僚という意味で、よく使われている言葉です。

水仕《みずし》

台所での水仕事。それをする人。

つれあい

配偶者のこと。夫や妻を人に紹介するとき、「つれあいでございます」、「つれあいを亡くしまして」のように使います。

公達《きんだち》

もとは、皇族の子弟子女。そこから、身分の高い若い男性を総称する言葉になりました。

太公望《たいこうぼう》

釣りが大好きな人。古代中国の周の時代、呂尚《りょしょう》が釣りをしていると、文王が「あなたこそ、父・太公の待ち望んでいた人」と言って自分の師としました。以来、釣り好きの呂尚を「太公望」と呼んだことに由来する語。

昼行灯《ひるあんどん》

ぼんやりして、間の抜けた人。夜、暗がりを照らすための行灯を昼間使っても意味がないことから。

温室育ち

温室内の植物のように、大事に育てられること。「なにしろ、温室育ちでございましてて」など。

極楽《ごくらく》蜻蛉《とんぼ》

楽天的で浮ついた人のこと。極楽を呑気に飛び回るトンボのようだという意味。

脛《すね》かじり

親から、小遣いや生活費をもらって暮らしている者。「脛かじりの身」など。「親の脛をかじる」という成句から出た言葉です。

指物《さしもの》師《し》

家具職人。「江戸指物師」など。この「指す」は寸法を測るという意味。

雲《くも》衝《つ》くばかり

雲を衝き上げるほどに、背が高い様子。「雲衝くばかりの大男」が定番の使い方。

私め

謙遜の意を込めた古風な自称。「どうぞ、私めに申しつけください」など。なお、「私め」の「め」は「奴」と書きます。今は「私ども」が同様に使える言葉。

老いらく

年老いているさま。「老いらくの恋」（年をとってからの恋）など。古語「老ゆ」の名詞形の「老ゆらく」に由来します。

▼いろいろな「人」を表す言葉です。どんな人でしょう？

□青二才
年が若くて、経験が浅い男性を指す言葉。「生意気な青二才」など。

□半可通《はんかつう》
よく知りもしないのに、知っているような顔をする人。

□刀自《とじ》
年配の女性に対する敬称。「家《いえ》刀自」など。

□嫁御《よめご》
嫁の古風な言い方。「嫁御前」を略した言葉。

□ご新造《しんぞう》
人の妻に対して、敬意を込めた呼び方。「ご新造さんへ」など。

□箱入り娘
まるで箱に入れたように、大事に育てられた娘。

□遊冶郎《ゆうやろう》
酒や女におぼれて、身を持ち崩している輩《やから》。

□益荒男《ますらお》
強く立派な男性。

□翁《おきな》
老人（男性）。「竹取の翁」など。老女は「媼《おうな》」。

□山家《やまが》育ち
山村や山里で育った人。

□経師屋《きょうじや》
掛け軸や屏風を表装する職人。

9
「身体」をめぐる懐かしくてしみる言い方

かんばせ

顔つき。容貌。成句の「花のかんばせ」は、「花のように美しい顔」という意味。「かおばせ」が音変化した言葉。「顔」一字で「かんばせ」とも読みます。

柳腰《やなぎごし》

柳のようにほっそりとした腰つき。

眉《まゆ》の霜《しも》

年をとり、眉が白くなっていることのたとえ。一方、「頭の霜」は白髪のこと。

身二つになる

女性が妊娠するという意味。自分と子供の二つの体になるという意。

五《ご》尺《しゃく》の身《み》

男一匹というような意。五尺は約１５０センチで、昔の男性の身長を表しています。

瓜《うり》実《ざね》顔《がお》

やや面長で、ふっくらとした色白の顔。瓜の実ではなく、瓜の種の形に似ているという意味。「瓜実顔の美人」など。

口《くち》綺《ぎ》麗《れい》

きれいごとをいうさま。「口綺麗なことをいうじゃないか」などと使います。

想《おも》われにきび

にきびの位置やあるなしで、恋占いするときに使う言葉。「それ、想われにきびだよ」など。漢字で書くときは、「思われ」ではなく、「想われ」と書きたい言葉。

おみ足

相手を敬って、その足をいう言葉。「おみ」は接頭語で、漢字で書けば「御御」。「どうぞ、おみ足をお伸ばしください」など。

膝《ひざ》送《おく》り

畳の上や床に大勢が座っているとき、ス

ペースをつくるため、座ったまま、体をずらし、空きスペースをつくること。「後から来たお客のため、膝送りで詰めた」などと使います。

身《み》重《おも》

妊娠中であること。「身重の身で、こんなところまで来るとは」など。

後《おく》れ毛《げ》

ほつれて下がった髪。

福《ふく》白《しら》髪《が》

年が若いうちから生える白髪。福運の兆しとされます。

富士《ふじ》額《びたい》

髪の生え際が富士山に似た形をした額。かつては、美人の条件でした。

恵《え》比《び》須《す》顔《がお》

にこにこと微笑んだ顔のこと。恵比須は七福神の一神で、漁業、商業の守り神。

御《お》髪《ぐし》

髪の毛に対する尊称。もとは女房言葉で「御櫛」と書いた。

産毛《うぶげ》

生まれたときから、生えている柔らかく薄い毛。そこから、細く薄い毛の総称。

三寸《さんずん》の舌《した》

口のうまさ、弁舌。「三寸の舌で説得する」など。「舌先三寸」と同様の意味。

弓手《ゆんで》

弓を持つ手、つまりは左手のこと。一方、右手は「馬手《めて》」（手綱を持ち、馬を操る手という意）とも呼びます。

腰折《こしお》れ

下手な短歌や俳句、あるいは文章。言葉や意味がうまくつながっていないことを、腰が折れ曲がった様子にたとえた言葉。

お通《つう》じ

「便通」の美化語。「お通じは、ございますか」など。

おめでた

妊娠・出産を指す言葉。「お嬢さん、おめでたですってね」など。「妊娠」を慶事と受け止めていることを表す表現です。

10 「気持ち」「性格」「行動」をめぐる懐かしくてしみる言い方

気立て

性格、性質。「気立てのいい娘さん」など。「性格のいい娘さん」というより、「気立てのいい娘さん」といったほうが、やわらかく聞こえます。「心立て」も同様の意味で、「心立てのいい娘さんですよ」のように使います。

人となり

人柄。性格。「人となりをよく理解している」、「誠実な人となり」、「温和な人となり」など。漢字で書くと「為人」。

気ぶっせい

気分がふさがり、くさくさすること。相手に対して、気詰まりなときにも使います。

チャキチャキ

純粋で混じり気のない様子。「チャキチャキの江戸っ子」といえば、生粋の江戸っ子という意味。「嫡々」がチャキチャキに変化した語。

思いの外《ほか》

案外。考えていたことと、違うさま。「思いの外、順調に進む」など。「思いがけず」や「思いもよらず」も、同様の意味。

思いの丈《たけ》

思いのかぎり。思うことのすべて。「思いの丈を打ち明ける」など。「丈」は、もとは長さの単位で、そこから「有りっ丈」「首っ丈」など、物事のすべて、限界までという意味を表す用法が生じました。

したり顔

得意気な顔。「したり」は「する」の連用形に、助動詞「たり」が付いた言葉で、「してやったり」という顔つきという意。

起き伏し

起きたり寝たりすること。毎日の生活という意味にも使います。「起き伏しもままならない状態です」など。

鹿《か》島《しま》立《だ》ち

旅に出ること。かつて、辺境の防衛に出征する防人《さきもり》が、鹿島神宮に参拝したことから生まれた言葉といわれます。

阿《あ》弥《み》陀《だ》かぶり

帽子のひさしをあげたかぶり方。阿弥陀如来の仏像が、「光背」と呼ばれる光を背負っている姿に似ていることから。

漫《そぞ》ろ歩き

あてもなく、歩き回ること。「漫ろ」は、これという理由もなく、自然にそうなるさま。

こけつまろびつ

こけたり、転んだりしながら、あわてて走るさま。「まろぶ」は漢字では「転ぶ」と書き、ころぶこと。

及び腰

中腰の不安定な腰つき。もとは、物を取ろうとするときなどの不安定な腰つき。そこから、比喩的に、逃げ腰や中途半端な態度の形容に使います。「改革に対して、及び腰な態度をとる」など。

11 「人間関係」をめぐる懐かしくてしみる言い方

上げたり下げたり

人を褒めたり、けなしたりすること。「上げたり下げたりしないでくださいよ」など。

荷厄介《にやっかい》

負担になって、わずらわしい様子。もてあますこと。「いろいろと手伝いを頼まれるのが、荷厄介でね」、「荷厄介な仕事」などと使います。

俺お前の間柄

「俺」「お前」と呼び合えるほどの親しい関係。「彼とは、俺お前の間柄なので、何でも話せますよ」など。なお、成句としては、「俺お前の間柄」が正しい形。「俺とお前の間柄」と、「と」（助詞）をはさむのは、成句としては間違い。

おつきあい程度

酒を「人とつきあう程度」には飲めるという意味。酒が飲めるかどうかを尋ねられたときには、酒に相当強くても、こう答えるもの。「おつきあい程度には」のように。

公《こう》私《し》にわたり

仕事でも、プライベートでも、という意。「公私にわたり、お世話になっています」、「公私にわたるご活躍」など。「公私ともども」も同様の意味。

親がかり

子供がまだ金銭的に親の世話になっている状態。「親がかりの子供がまだ二人いるものですから」、「恥ずかしながら、いまだ親がかりの身で」など。

お互い様

双方が同じ立場に置かれること。大人の社交辞令の定番句で、「困ったときは、お互い様ですから」、「御無沙汰はお互い様です」などと使います。

他人の飯を食う

実社会にもまれること。親もとを離れて、

奉公先など、他の家で飯を食べること。今も「若い間に、他人の飯を食っておくと、後が楽だよ」などと使います。

仲睦《なかむつ》まじい

親密であること。単に「仲がよい」というよりも、より親密で、一心同体であるというニュアンスがある言葉。「仲睦まじい二人」など。

死に目にあう

臨終に立ち会うこと。「おかげさまで、親の死に目に会うことができました」など。

声掛かり

目上から、特別のはからいをされること。もとは芝居で、客席から役者に声が掛かること。「社長直々の声掛かりで役員に抜擢される」など。

相《あい》身《み》互《たが》い

同様の身の上にある者同士が助け合うこと。「武士は相身互いと申しますから」など。

おかげさま

相手の親切などに対して、感謝の気持ちを伝える言葉。「おかげ（御蔭）」は、もとは神仏の加護を表す言葉。「おかげさまをもちまして、円滑に進みました」など。

手ほどき

初歩を教えること。「書道の基本を手ほどきする」など。

歩み寄り

双方の条件を近づけること。折り合うこと。「ここは、お互い、歩み寄って〜」など。「妥協」というと、ネガティブなニュアンスを含みますが、「歩み寄り」といえば、協調するというポジティブなニュアンスが生じます。

門《かど》広《ひろ》し

一族が栄えるさま。「門を広ぐ」というと、一家を栄えさせるという意味になります。

首《くび》っ丈《たけ》

異性に深く惚れること。足もとから首の丈まで、夢中という意味。「彼女に首っ丈だ」など。

岡《おか》惚《ぼ》れ

その気のない異性、さして親しくない異性を傍《はた》から思い慕うこと。この「岡」は

「傍」と同じ意味。「人の奥さんに岡惚れしても栓ない」など。

ほの字

人に惚れるさま。「ほの字」の「ほ」は惚れるの「ほ」。「ほの字の様子」など。

悪い虫がつく

大事に育てている娘に、望ましくない交際相手ができること。「どうやら、娘に悪い虫がついたようです」など。

惚《ほ》れた弱み

恋愛では、より惚れているほうが、弱みをもつことになるという意。「惚れた弱みで、つい相手の言うことをきいてしまう」など。

馴《な》れ初《そ》め

恋愛がはじまるきっかけ。「お二人の馴れ初めは？」といえば、「お二人はどうやって知り合われたのですか？」という意味。

泡沫《うたかた》の恋

はかなく消えやすい恋。水に浮かぶ泡沫のように、という意。「沫」にも「泡」と同様、「あわ」という訓読みがあります。

12 「仕事」で一目おかれる品のいい言葉

お目通り

目上の人に会うこと。「お目通りがかなう」は、「お目にかかる」をより敬意を高めて表した言葉。「お目通りがかない、光栄に存じます」など。

お聞き届け

相手がこちらの要望を聞いてくれたことへの敬語。「不《ぶ》躾《しつけ》なお願いをお聞き届けいただき、ありがとうございます」、「お聞き届けいただきたく、お願いする次第です」など。

お手すき

相手の手が空いていること。「お手すきの折に、お願いいたします」など。「お暇な折」というと、相手を「暇人」扱いするようなので、こう言い換えます。

お運び

「行く」「来る」ことの敬語。「このたびは、ようこそお運びくださいました」、「お運びの折には」など。

お立ち

相手が出発することへの尊敬表現。「何時にお立ちですか?」など。

お取り込み中

相手の忙しそうな様子を表す言葉。「取り込み」は、用事が立て込むという意味。「お取り込み中、申し訳ありませんが」など。

お手《て》柔《やわ》らかに

手加減してやさしく、という意味。「どうぞ、お手柔らかにお願いします」が定番の使い方。

ご入り用

相手が必要とすることへの尊敬表現。「ご入り用であれば、早速ご用意いたします」「ご入り用の方はお声がけください」など。

お取りおきする

特別に商品などを取っておくこと。「ご注文の品、お取りおきしておきました」など。

お引回し

相手の指導や世話に対し、敬意を表す言葉。「よろしくお引回しのほど、お願い申し上げます」が定番の使い方。

幸甚《こうじん》です

何よりの幸せです、という意味手紙やビジネスメールなどで、「〜していただければ幸甚です」の形でよく使います。

お取り計らい

「善処してほしい」と頼むときに使う言葉。「よろしくお取り計らいのほど、お願い申し上げます」が定番の使い方。

おとりなし

トラブルが起きたとき、うまく仲裁してほしいと頼むときに使う言葉。「おとりなしのほど、お願い申し上げます」、「おとりなし願えれば、幸いです」など。

不《ふ》手《て》際《ぎわ》

手際の悪いこと。実質的には、失敗や不

始末を意味する語。「不手際をお詫びします」、「不手際があったようで」など、謝罪の言葉でよく使います。

不《ふ》徳《とく》の致《いた》すところ

自分には徳がなく、その結果として、という意味。「まったくもって、私の不徳の致すところ～」などと、謝罪の定番句として使われています。

お使い立て

人に用事を頼むときの丁寧な言い方。「お使い立てして、申し訳ありませんが」、「お使い立てして、恐縮ですが」などと使います。

お呼び立てする

相手を呼ぶことの謙譲語。「お呼び立てして申し訳ありません」など。「呼び立てる」は、本来は「大声をあげて呼ぶ」という意味。

お手を煩《わずら》わせる

人の世話になることの謙譲表現。「お手を煩わせる結果となり、誠に申し訳ありません」など。

13 「訪問」「おめでたい席」には、こんな言葉がぴったり

お開き

「終わり」のこと。結婚披露宴などのおめでたい席では、「終わり」は忌み言葉で使えないので、こう言い換えます。「お開きの時間となりました」など。

ご挨拶だけでも

相手と短時間でも会いたいときに、面会を申し込むためのフレーズ。「近くまでまいりましたので、ご挨拶だけでもと思い、伺いました」のように使います。

お玄関先

人の家を訪ねたとき、家には上がらずに、玄関で失礼するときに使う言葉。「お玄関先で結構でございます」、「お玄関先で失礼いたしますので」など。

お招きにあずかる

相手から招かれることの謙譲表現。「本日は、お招きにあずかり、ありがとうございます」、「お招きにあずかり、光栄に存じます」など。

お平《たい》らに

正座している相手に対して、膝を崩し、楽に座るようにすすめる言葉。「どうぞ、お平らに」など。

空茶《からちゃ》

来客などに対して、茶菓子を添えずに、お茶だけを出すという意味。お客にお茶を差し出すときに、「空茶でございますが」などと、声をかけます。

ごゆるりと

「ゆっくり」のやや古風な言い方。「ごゆるりとお過ごしください」、「ごゆるりとお寛《くつろ》ぎください」のように使います。漢字で書くと「ご緩りと」。

むさ苦しいところ

自宅や自分の仕事場などを、謙遜して表す言葉。「むさ苦しいところですが、どうぞお上がりください」のように、お客を招き入れます。

お暇《いとま》乞《ご》い

相手としばらく会えなくなるときに使う言葉。「このたび、転勤することになり、お暇乞いに伺いました」、「郷里に帰ることになり、お暇乞いに参りました」のように用います。

お暇《いとま》する

引き揚げる、帰ることの謙譲表現。「そろそろお暇いたします」など。

お日《ひ》柄《がら》もよく

結婚式などの祝い事で、「本日はお日柄もよく～」のように使うフレーズ。「日柄」は大安など、その日の吉凶のことで、本来「お日柄もよく」は大安の日に使うフレーズ。

幾《いく》久《ひさ》しく

「いつまでも」の古風な言い方。「幾久しく、お幸せに」は、結婚式でよく使われるセリフ。この「幾」は「幾千夜」などと同様、数の多さを表しています。

コラム1

懐かしの日本語「反対語」一覧

「反対語」を頭に入れておくのは、語彙力を伸ばす基本。
最初に掲げた「ちょっと古風な日本語」の反対語が頭に浮かびますか？

□ **天《あま》つ神《かみ》**

「天つ神」は高天原から来た神。「国つ神」は日本古来の神。

〔答〕国つ神

□ **一木造《いちぼくづく》り**

「一木造り」は一本の木から彫り出した像。「寄木造り」は、多くの木を寄せ集めて彫った像。

〔答〕寄木《よせぎ》造り

□ **小正月《こしょうがつ》**

「小正月」は、正月の14～16日までの期間。「大正月」は、元旦から7日までの松の内のこと。

〔答〕大正月《おおしょうがつ》

□ **寒《かん》の入《い》り**

「寒の入り」は、小寒の季節に入ること。「寒明け」は、寒が明け、立春を迎えること。

〔答〕寒明け

□ **送り火**

「送り火」は、お盆に魂を送るために焚く火。「迎え火」は、お盆に魂を迎えるために焚く火。

〔答〕迎え火

□ **送り盆**

「送り盆」は、お盆の終わりの日。「迎え盆」は、お盆の最初の日。

〔答〕迎え盆

□ **時代物**

「時代物」は、武家を扱った芝居、浄瑠璃《じょうるり》など。「世話物」は、江戸時代の町人社会を舞台にした芝居、浄瑠璃など。

〔答〕世話物

□ **精進《しょうじん》物**

「精進物」は、肉類を用いない食べ物。「生臭物」は、魚、獣を使った肉料理。

〔答〕生臭《なまぐさ》物

□ **薄茶《うすちゃ》**

「薄茶」は、抹茶の略式の点て方で、一人ずつ点てます。「濃茶」は、抹茶の正式の点て方で、一碗を数人で回し飲みします。

〔答〕濃茶《こいちゃ》

□**老舗《しにせ》**

「老舗」は、代々、続いてきた古い店。「新店」は、新しくできた店。

〔答〕新店《しんみせ》

□**挙《あ》げ句**

「挙げ句」は、連歌《れんが》で最後の七七の句。「発句」は最初の句。

〔答〕発句《ほっく》

□**右近《うこん》の橘《たちばな》**

「右近の橘」は、紫宸殿《ししんでん》の南階下の「西」に植えられた橘。「左近の桜」は、紫宸殿の南階下の「東」に植えられた桜。

〔答〕左近の桜

□**寄《よ》せ太鼓《だいこ》**

「寄せ太鼓」は、客を呼ぶために打つ太鼓。「打ち出し太鼓」は、一日の興行の終わりに打つ太鼓。

〔答〕打ち出し太鼓

□**シテ**

「シテ」は、能の主役。ワキは、能の相手役。

〔答〕ワキ

□**外伝《がいでん》**

「外伝」は、本伝からもれた逸話など。「本伝」は、本筋のストーリー。

〔答〕本伝

□**本尊《ほんぞん》**

「本尊」は、寺院の中央に安置する仏像。「脇侍」は、本尊の左右の仏像。

〔答〕脇侍《わきじ》

□**天罰**

「天罰」は、天の下す罰。「天佑」は、天のたすけ。佑けるで「たすける」と読みます。

〔答〕天佑《てんゆう》

□**たそがれ**

「たそがれ」は夕方のこと。「あかつき」は夜明けのこと。漢字で書けば、黄昏と暁。

〔答〕あかつき

□**薄暮《はくぼ》**

「薄暮」は、夕暮れ。「黎明」は、夜明け。

〔答〕黎明《れいめい》

□**月夜**

「月夜」は、月が照らしている夜。「闇夜」は、月が出ていない夜。

〔答〕闇夜

□**抜《ぬ》け小路《こうじ》**

「抜け小路」は、通り抜けのできる小路。「袋小路」は、通り抜けのできない小路。

〔答〕袋小路

□**細《さざ》れ石**

「細れ石」は、小さな石。「巌」は大きな岩。

〔答〕巌《いわお》

□**後ろ鉢巻**

「後ろ鉢巻」は、後頭部で結んだ鉢巻き。「向こう鉢巻」は、前頭部で結んだ鉢巻き。

〔答〕向こう鉢巻

□**閻魔《えんま》顔**

「閻魔顔」は、怒り顔。「恵比寿顔」は、笑い顔。

〔答〕恵比寿顔

□**目の毒**

「目の毒」は、見ると精神によくないもの。「目の薬」は、見ると快くなるもの。

〔答〕目の薬

□**相談ずく**

「相談ずく」は、相談による解決。「腕ずく」は、腕力による解決。

〔答〕腕ずく

□**事欠く**

「事欠く」は、不足するさま。「事足りる」は、十分にあるさま。

〔答〕事足りる

□**山盛り**

「山盛り」は、容器に高く盛ること。「摺り切り」は、容器の縁に平らにならすこと。

〔答〕摺《す》り切り

□**蛙《かえる》の子は蛙**

〔答〕鳶《とび》が鷹《たか》を生む

「蛙の子は蛙」は、つまらない親からは、やはりつまらない子供しか生まれないという意。「鳶が鷹を生む」は、つまらない親から立派な子供が生まれるという意。

□一《いち》朶《だ》　〔答〕万《ばん》朶《だ》

「一朶」は、ひとえだ。「朶」にはえだという訓読みがあります。「万朶」は、ひじょうに多くの数の枝。

□正座　〔答〕安座

「正座」は、姿勢正しく座ること。「安座」は、ゆったり座ること。

□古傷　〔答〕生傷

「古傷」は、古いキズ。「生傷」は、新しいキズ。「古傷が痛む」、「生傷が絶えない」など。

□町《まち》絵《え》師《し》　〔答〕奥《おく》絵《え》師《し》

「町絵師」は、町にいる絵描き。「奥絵師」は、江戸時代、幕府に仕えた絵描き。具体的にいうと、狩野《かのう》派のこと。

□亭主関白　〔答〕嬶《かかあ》天下

「亭主関白」は、一家内で亭主が力をもち、いばっていること。「嬶天下」は、一家内で妻が力をもち、いばっていること。

□**直参《じきさん》**

「直参」は、主家に直接仕える人。「陪臣」は、臣下の家臣。

〔答〕陪臣《ばいしん》

□**生みの親**

「生みの親」は、実の父母。「育ての親」は養い親。

〔答〕育ての親

□**世間知らず**

「世間知らず」は、世間のことをよく知らない人。「苦労人」は、苦労して世間をよく知っている人。

〔答〕苦労人

□**益荒男《ますらお》**

「益荒男」は、強い男。「手弱女」は、弱い女ではなく、優しい女という意。

〔答〕手弱女《たおやめ》

□**色悪《いろあく》**

「色悪」は、歌舞伎で色男の敵役。「実悪」は、歌舞伎で残忍な悪人の役。

〔答〕実悪《じつあく》

□**明君《めいくん》**

「明君」は、すぐれた君主。「名君」とも書きます。「暗君」は、おろかな君主。

〔答〕暗君《あんくん》

3章

語彙力に欠かせない
天気と季節の
「大人ことば」

14 雨・雪——天気と季節の言葉①

菜種梅雨《なたねづゆ》

日本は雨の多い国。その分、日本語には、「雨」をめぐる表現が多数あります。これは、三月下旬から四月上旬、菜の花が盛りの時期に降る春の長雨のこと。

走り梅雨

梅雨入りする前後に降る雨。

栗花落《ついり》

梅雨に入ること。「栗の花が散る頃に降る雨」という意味。

青梅雨《あおつゆ》

新緑の時期に降る雨。青葉が雨に濡れて、その色がさらに青くなったように見えることから。

送り梅雨

梅雨が明ける頃、梅雨を送り出すかのように、突如として降る強い雨。

返り梅雨

梅雨明け後に、再び降り続く雨。「戻り梅雨」や「残り梅雨」ともいいます。

時雨《しぐれ》

本来は、秋から冬にかけて、降ったりやんだりする小雨。「過ぐる」が変化した語で、一過性の雨という意味。今は、季節に関係なく使います。

春《はる》時雨《しぐれ》

春の明るい通り雨。

小《さ》夜《よ》時雨《しぐれ》

冬の初めに降る通り雨。

虎《とら》が雨《あめ》

陰暦の五月二十八日に降る雨。『曾我物語』の曾我十郎は、この日、父の仇討ちを果たした後、討ち死にします。その命日に降る雨は、まるで十郎の愛人の遊女・虎御前の涙雨のようであるということとから、この名がつきました。

寒《かん》の雨

「寒」（立春前の約一か月間）の間に降る雨。また、「寒九《かんく》の雨」は、「寒」にはいってから九日目（一月十三日頃）に降る雨。この日に雨が降ると、その年は豊作になるとされました。

煙《えん》雨《う》

霧雨のこと。煙のように、細かな雨。

紅《こう》雨《う》

春、花に降りかかる雨。また、赤い花が散る様を雨にたとえ「紅雨」という。

麦《ばく》雨《う》

初夏、麦が熟する頃に降る雨。

鰤《ぶり》起《お》こし

初冬、ブリ漁がはじまるころに鳴る雷。とくに北陸地方沿岸部の言い方。

雨《あま》催《もよ》い

今にも雨が降りだしそうな空模様。「雨催いの空」など。なお、雪が降り出しそうな空模様は「雪催い」。

遣《や》らずの雨

帰ろうとする人を、引き止めるかのように降り出す雨。出かけようとするとき、折悪しく降ってくる雨。「遣《や》る」には、人を行かせること、送り出すという意味があります。

篠《しの》突《つ》く雨

激しく降る雨。篠（細い竹）を束ねて、地面に突き下ろすように降る雨という比喩。

お湿《しめ》り

時期や量が適当な雨。しばらく晴天が続いたあと、乾燥した地面を濡らす程度に降る雨。「久しぶりのいいお湿りですね」など。

小《こ》糠《ぬか》雨《あめ》

まるで「小糠」のような、ひじょうに細かな雨。「小糠雨降る御堂筋」は、昔のヒット曲の一節。

忘れ雪

その冬の最後に降る雪。また、その雪が積もったもの。そのため、「雪」とつきますが、春の季語です。

小米雪《こごめゆき》

米の粉のように、細かくさらさらした雪。今でいう、パウダースノーのことです。

堅雪《かたゆき》

積もった雪が、堅く凍りついた状態。

淡雪《あわゆき》

うっすら積もっても、すぐに消えてしまう春先の雪。

泡雪《あわゆき》

泡のように消えやすい雪。

細雪《ささめゆき》

細かく降る雪。まばらに降っている雪のこと。谷崎潤一郎の作品の題名でもあります。

六《むつ》の花《はな》

雪の異称。その結晶が六角形で、六弁の花のようであることから。

15 風——天気と季節の言葉②

疾風《はやて》

急に激しく吹く風。「疾風のように現れて、疾風のように去っていく」など、比喩的にも使います。

黒北風《くろぎた》

三月、やや暖かくなってから、低気圧の影響で吹き荒れる北西からの風。雪まじりの北風です。

春嵐《はるあらし》

春に吹く強風。「春疾風《はるはやて》」や「春荒《はるあれ》」とも呼ばれます。

颪《おろし》

山から吹き降ろす風。「六甲颪」は、六

甲山から神戸市街などに向かって吹く風。「比叡颪」は、比叡山から京都市街に向かって吹く風。

東風《こち》

春先、東から吹く風。気象学的にいうと、春先、西高東低の気圧配置が崩れたとき、太平洋から大陸方向へ吹く風です。

青嵐《あおあらし》

初夏、青葉の季節に吹く南風のこと。やや強いものの、雨を伴わないさわやかな風です。「風青し」という季語もあります。

薫風《くんぷう》

新緑の薫《かお》りをのせて吹くさわやかな風。

白南風《しろはえ》

梅雨があけ、夏の太陽が照りつけはじめた頃に吹く南風。

初嵐《はつあらし》

台風シーズンに入る前、陰暦七～八月にかけて吹く強風。

野分《のわき》

台風のこと。強風が吹きつけて、「野の

草を分ける」ことから。

風巻《しまき》

激しく吹く風。雨や雪まじりに激しく吹く風です。

金風《きんぷう》

秋風のこと。中国の五行説では、秋は「金」に当たることから。

風花《かざはな》

積もっている雪が風に巻き上げられ、花のように舞う現象。

凩《こがらし》

冬場に吹く冷たく強い風。「木枯らし」とも書きます。

そよとの風

かすかな風。微風。「そよとの風も吹かない無風状態」など。

16 空模様・寒暖――天気と季節の言葉③

花曇《はなぐもり》

桜の咲く季節の曇り空。暖かいものの、どんよりとした曇り空。

鳥曇《とりぐもり》

春先、雁や鴨などが北へ帰っていく時期の曇り空。春の初めの天気が変わりやすい時期で、曇りの日が多くなります。そのとき、かかる雲を「鳥雲」、吹く風を「鳥風」と呼びます。渡り鳥は、その風に乗って、北へ帰っていきます。

鰊曇《にしんぐもり》

春、北海道で、ニシン漁が行われる頃のどんよりした曇空。昔は、北海道の日本海側で、鰊漁の船を出す目安ともされました。名曲『石狩挽歌』の歌詞にも登場します。

朝《あさ》曇《ぐもり》

夏の朝、もやがかかったようになる状態。海岸地方で、朝、陸風と海風が交代する時間帯に雲が生じ、この状態になります。

油《あぶら》照《て》り

どんよりと曇って風がなく、じりじりと照りつけるさま。

寒《かん》の戻《もど》り

一時的に真冬を思わせるような寒さが戻ってくるさま。「今朝は冷え込みますね。寒の戻りですね」など。

花《はな》冷《び》え

四月、桜の咲く頃に戻ってくる寒さ。「花冷えの中、桜見物に出かける」など。

梅雨《つゆ》寒《ざむ》

梅雨どきに急に気温が下がること。「梅雨冷え」ともいいます。なお、「露寒」は同じ読み方でも、意味は違い、露が霜となるような晩秋の肌寒さのこと。

秋《あき》寒《さむ》

秋、朝晩などに気温が下がるさま。

17 春・夏・秋・冬——天気と季節の言葉④

木《こ》の芽時《めどき》

木々が新芽を出す早春の頃。

水草《みずくさ》生《お》う

三月頃、池や沼に水草が生えてくるさま。水辺が春めいてくるさま。

遅《ち》春《しゅん》

暦の上では春になっているのに、なかなか暖かくならないこと。

啓《けい》蟄《ちつ》

二十四節気の一つで、三月六日ごろ。冬ごもりしていた虫が穴を啓《ひら》き、地上へ這い出てくる時候。「蟄」は、虫が地面にもぐること。

暮《く》れの春《はる》

春の終わりごろ。「暮春」ともいいます。

彼岸潮《ひがんじお》

春分と秋分の時期の大潮。そのうち、春の彼岸潮は、潮干狩りに適しています。

逃《に》げ水《みず》

蜃気楼の一種で、晩春の晴れた日、水たまりがあるように見えるものの、近づくと逃げるように消えてしまう現象。温度差によって、空気密度にムラが生じ、光が屈折して、路面に反射した光が水のように見える現象。

行《ゆ》く春《はる》

終わろうとする春。春という季節を人に見立てた擬人表現。

竹《たけ》の秋《あき》

陰暦三月の異称。タケノコを育てるため、竹の葉が一時期、枯れたように黄変するさまを「秋」に見立てた言葉。

遅桜《おそざくら》

遅い時期に咲く桜。八重桜などを指しま

す。

麦《むぎ》青《あお》む

春、麦の青葉が畑をおおうさま。

朧《おぼろ》月《づき》

ぼんやりかすんで見える春の月。「朧月夜」など。

風光る

春、日差しが強さを増し、風さえも光って見えるような様子。春の明るい光の中を風が吹き渡るさま。よく使われる春の季語です。

水《みず》温《ぬる》む

寒さがゆるみ、池や沼の水が温かくなるさま。水草が芽を出し、生き物が動きだすさま。「水温む季節」など。

山《やま》笑《わら》う

早春、山の木々が芽吹き、華やかになった山の姿が「笑っている」ように見える様子。春を代表する季語。

卯《う》の花《はな》くたし

「くたし」は腐らせることで、「卯の花」（ウツギ）を腐らせるような長雨。つまりは、五月雨《さみだれ》（今の梅雨）のこと。

八十八夜《はちじゅうはちや》

立春から数えて八十八日目、五月二日頃。立夏の数日前で、遅霜の時期にあたります。「夏も近づく八十八夜～」と歌われるように、新茶の茶摘みを行う頃合いです。

五月闇《さつきやみ》

「五月雨」が降る頃、昼間は曇っていて暗く、夜も闇が深いことを指す言葉。

土用《どよう》

「土用」は、七月二十日頃から八月七日頃までの十八日間。この「土用」の間が「暑中」であり、暑中見舞いはこの時期に出すものとされます。また、その十八日間の間の「丑の日」に、鰻を食べる習慣があります。

土用波《どようなみ》

土用の頃、太平洋岸に押し寄せる高波。おおむね、南方にある台風の影響による波です。

薄暑《はくしょ》

初夏、暑くなりはじめた頃の気候。わずかに暑さを感じたときに使う言葉です。

陽炎《かげろう》

空気がゆらゆら立ちのぼる現象。夏場、朝と昼の気温差が大きい日によく見られます。

赤《あか》富士《ふじ》

富士山の山肌が赤く染まる現象。七～八月頃の夜明け、朝日が霧によって分光することによって起きます。

朱夏《しゅか》

夏の異称。五行説では、「朱」は夏の色。

短夜《たんや》

夏の短い夜。「みじかよ」とも読みます。

秋隣《あきどなり》

秋が近づくのを感じる晩夏。

木下闇《このしたやみ》

鬱蒼《うっそう》と茂った木々の下に生まれる闇。

雲《くも》の峰《みね》

夏の入道雲のこと。山（峰）のように盛り上がる雲という意。

半《はん》夏《げ》生《しょう》

夏至から十一日目、七月二日頃。「半夏（畑などに生える毒草）の生える時期」という意味。梅雨の終盤で、古来、田植えができる限界の日とされます。

夜《よる》の秋《あき》

夏の終わり、昼間はまだ暑いものの、日が暮れると、涼しい風が吹き、夜だけ、秋が来たように思える時期。

二《に》百《ひゃく》十《とお》日《か》

立春から二百十日目に当たる九月一日頃。台風による農作物への被害が警戒される日です。

山《やま》滴《したた》る

夏場、山が木々の葉でおおわれ、緑が滴るようにみえるさま。

麦の秋

五月末から六月にかけての、麦が熟した刈り入れ時のこと。「秋」がつくものの、初夏を指す言葉で、夏の季語。

照《てり》葉《は》

天気のいい日、紅葉した葉が日に照らされ、輝くさま。

晩《ばん》菊《ぎく》

晩秋に咲く菊。なお、「残菊《ざんぎく》」は晩秋、咲き残った菊の花。

秋《あき》出《で》水《みず》

秋の台風や長雨によって起きる洪水。

冬《ふゆ》隣《どなり》

冬がすぐ近くまでやってきている様子。

新《あら》走《ばし》り

その年にとれたばかりの米で、すぐに作った新酒。

小《こ》春《はる》日《び》和《より》

初冬の頃の春が来たような、ぽかぽかとした日和。

立《たち》待《まち》月《づき》

陰暦十七日夜の月。とくに、陰暦八月十七日の月を指します。この夜は月の出が早いので、出るのを〝立って待って〟も平気であることから。

居《い》待《まち》月《づき》

陰暦十八日の月。とくに八月十八日の月。

月の上るのがすこし遅くなるため、座って待つ（居待）ことから。

臥待月《ふしまちづき》

陰暦十九日の月。月の出が遅いため、寝ころびながら待つ（臥待）月。

三《さん》五《ご》夜《や》

「十五夜」のこと。3×5で15というシャレ言葉。

山《やま》粧《よそお》う

秋、木々が紅葉して、山が粧っているように見えるさま。

名残《なごり》の月

一年のうちで、最後に見られる名月。陰暦九月十三日夜の月を指します。また、季節と関係なく、夜明けの空に残った月にも用います。

寒《かん》の内《うち》

寒の入り（一月五日頃）から、寒明け（二月三日頃）までの約一か月間を指します。

寒《かん》明《あ》け

その「寒」の時期が明けること。なお、

「立春」と「寒明け」は同じ時期を指します。

冬ざれ

冬の荒涼とした風景。草木が枯れはてた寒々とした様子。冬の季語。

初《はつ》茜《あかね》

元日の夜明けの茜色に染まった空。

狐《きつね》火《び》

冬の夜、ゆらめいて見える炎。昔は、狐が吐く火だと信じられたことから、この名に。

帰《かえ》り花《ばな》

桜などの春の花が、十一月頃の暖かい日に咲くこと。

緋《ひ》寒《かん》桜《ざくら》

十一～一月頃に咲く桜。「彼岸桜」とは、種類も意味も違う言葉。

凍《いて》星《ぼし》

一年のうちで、最も星が輝く冬空に光る星。冬の季語。なお、冬の季語には「凍○」という言葉が数多くあり、「凍鶴《いてづる》」は冬場、凍ったように動かない鶴。「凍《いて》蝶《ちょう》」は、寒さのあまり、凍ったように動かない蝶。

寒《かん》椿《つばき》

冬場、早咲きする椿の種類。

短《たん》日《じつ》

冬の短い日中。

薄《うす》氷《らい》

水面を薄くおおうように張った氷。春先を表す言葉。「うすごおり」とも。

大つごもり

大晦日のこと。陰暦では、月末に新月となり、月が消えるところから、月がこもる（隠れる）という意味で「つごもり」と呼び、一年の終わりを「大つごもり」と呼びました。

山《やま》眠《ねむ》る

冬、葉を落とした山々が眠っているかのように静まりかえっているさま。

光の春

2月のこと。まだ、寒いものの、日差しは長くなってきた時期。

18 年中行事――天気と季節の言葉⑤

初護摩《はつごま》

お寺で、その年、初めて護摩木を焚いて本尊に祈る行事。

四方拝《しほうはい》

元日に行われる宮中行事。天皇が天下太平、万民安寧を祈る儀式。

左義長《さぎちょう》

小正月に行われる火祭り。正月飾りや書き初めなどを燃やす「どんど焼き」が行われます。

初午《はつうま》

二月最初の午の日、全国の稲荷神社で、初午祭が行われる日。豊作や商売繁盛を願って、お稲荷さんにお参りする日。

針供養《はりくよう》

折れた縫い針をこんにゃくなどに刺して、供養する儀式。二月八日頃、裁縫の上達を願って行われます。

修二会《しゅにえ》

三月初め、寺院で行われる法会《ほうえ》。奈良・東大寺の「お水取」も、この行事。

彼岸会《ひがんえ》

お彼岸に行う仏事。

灌仏会《かんぶつえ》

四月八日の釈迦の誕生を祝う行事。「仏生会」「花祭り」のこと。誕生仏に甘茶をかけるなどの儀式が行われます。

夏越《なごし》の祓《はらえ》

六月晦日《みそか》に行われる祓の行事。参拝者は茅の輪をくぐって、幸いを願います。

渡御《とぎょ》

おおむね夏祭りの祭礼で、神輿が神社を出発すること。

四万六千日《しまんろくせんにち》

この日に参詣すると、四万六千日参拝したのと同じ功徳《くどく》があるとされる日。浅草の浅草寺では、七月十日がその日とされ、「鬼灯市《ほおずきいち》」が開かれます。

解《げ》夏《げ》

旧暦七月十五日に、夏安居《げあんご》（遊行に出ずに、一か所で修行すること）を終えること。

魂祭《たままつり》

陰暦七月、お盆に先祖の霊を迎えて祭ること。「魂迎《たまむか》え」は先祖の霊を迎える火。霊を送るのは「魂送り」。

地《じ》蔵盆《ぞうぼん》

八月二十三日〜二十四日頃に行われるお地蔵様を祀る行事。

▼いろいろな和風の言葉です。どんな意味かわかりますか？

□御七夜（おしちや）
子供が生まれてから七日目の祝い。×「なな」とは読まない。

□お食い初め（おくいぞめ）
赤ん坊に初めてご飯を食べさせる儀式。

□賀の祝（がのいわい）
長寿の祝い全般を指す言葉。

□喜の字の祝（きのじのいわい）
喜寿のこと。数え年で、七七歳の祝い。

□酉の市（とりのいち）
十一月の「酉」の日、鷲《おおとり》神社で行われる祭り。

□直会（なおらい）
神事のあと、お神酒や神饌《しんせん》をいただく酒宴。

□吽形（うんぎょう）
口を結んだ像。「阿《あ》形《ぎょう》」とワンセット。

□方忌（かたいみ）
悪いことが起こる方角を忌み、避けること。陰陽道の言葉。

□中昔（なかむかし）
あまり古くない昔。

□折節（おりふし）
そのときどき。季節。「折節に、季節の品を送る」など。

□年の瀬（としのせ）
年の暮れ。年の終わり。「年の瀬が迫ってきましたね」など。

□朝未き（あさまだき）
朝が未だ明けないころ。早朝。

□旗日（はたび）
祝祭日。日の丸を掲げる習慣があったことから。

□**豊の年**〔とよのとし〕　豊作の年。

□**松の齢**〔まつのよわい〕　松の生きる年数。そこから、長寿を表します。

□**入相の鐘**〔いりあいのかね〕　夕暮れにつく鐘。「入相」は日の入る頃という意。

□**縹色**〔はなだいろ〕　薄い藍色。空色。

□**鈍色**〔にびいろ〕　濃い鼠色。昔、喪服に、この色が使われた時期も。

□**浅葱色**〔あさぎいろ〕　水色、あるいは緑がかった藍色。

□**茜色**〔あかねいろ〕　少し暗めの赤。もとは、山草の「茜」の根で染めた色。

4章

懐かしくて役に立つ 教養としての「大人ことば」

19

“昔の大人”に学ぶ言い回しのひと工夫

挨拶もそこそこに

挨拶も十分しないほどに急いで。「挨拶もそこそこに退散してきましたよ」など、居づらいところから帰ってきたときに使います。

それはそれ、これはこれ

その二つの問題は別問題だと、区別する一言。「話をごっちゃにしないでくれるかな。それはそれ、これはこれだよ」のように、相手の筋違いの要求などに対して釘を刺します。

痩《や》せても枯れても

どんなに落ちぶれても。「痩せても枯れても、かつての大スターだよ」など。

どういう風の吹き回し

どうしたことか、事の成り行きで。しばらく顔を見せなかった人が突然訪れてきたときなどに使います。昔、帆船が風の吹き方によって、思わぬ港に現れたことに由来するとみられます。

初めちょろちょろ　中ぱっぱ　赤子泣くとも蓋《ふた》取るな

ご飯の上手な炊き方を表した言葉。電気炊飯器が普及する前、竈《かまど》でご飯を炊くときは、最初は弱火（ちょろちょろ）、途中から強火（中ぱっぱ）、何があっても蓋を取らないことが、美味しく炊きあげるコツとされていました。

ご無理ご尤《もっと》も

相手との力関係から、無理な言い分にも「ご尤も」と従わざるをえないさま。「親会社の命令だから、ご無理ご尤もと従うしかない」など。

顔で笑って、心で泣いて

つらくて泣きたい気持ちをおさえて、顔だけはにこやかに笑うさま。「顔で笑って、心で泣いての心境ですよ」など。

褌《ふんどし》を締めてかかる

気持ちを引き締めて、事に当たるさま。「ここは、褌を締めてかからなければ」

などと使います。

借金を質《しち》においても

どんな方法で資金を工面してでも、という意味。借金を質におくような不可能なことをするくらい、「どんな方法でも、やりとげたい」という気持ちを表す言葉。

暑い暑いもちっとの間

暑い夏も、すこし我慢していれば、すぐに過ぎ去ってしまうという意味。「もうしばらくの我慢ですよ。暑い暑いもちっとの間といいますから」など。もっぱら、〝温暖化〟以前に使われた言葉。

この世の春

人生の絶頂期。物事が思うように進む時期。「この世の春を謳歌する」などと使います。

降りかかる火の粉は払わねばならぬ

身に危険が迫ったときには、危険を防ぐ行動をとらなければならないという意味。おもに〝正当防衛〟に当たるようなケースで、自己正当化のために使われる言葉。

煮て食おうと焼いて食おうと

どのようなひどい仕打ちをしようが、こちら（あるいは相手側）の勝手という意。

「煮て食おうと焼いて食おうと、そっちの勝手だ。勝手にしやがれ」などと使います。

ご破算で願いましては

算盤《そろばん》で、次の計算に移るときに使うかけ声。そのとき、算盤の珠を崩すことから。また、「ご破算になる」は白紙に戻るという意味で、「あの話は、ご破算になりました」のように使います。

子供は風の子

寒風の中でも、子供が元気に遊び回るさまを表す言葉。このあと、「大人は火の子」や「じじばばは火の子」などと続きます。

年に不足はない

仕事などをまかせる際、「年齢が若すぎることはない」という意味で使う言葉。また、長く生きたので、もういつ死んでも悔いはないという意味で、使うこともあります。

飲めや歌えの大騒ぎ

酒を飲み、歌を歌って大騒ぎするさま。「飲めや歌えの大騒ぎが朝まで続きました」など。

20 いまも記憶に残っている ちょっとユニークな表現

感謝《かんしゃ》感激《かんげき》雨《あめ》霰《あられ》

ひじょうにありがたいという気持ちを表す言い回し。「本当にお手伝いいただけるんですか。感謝感激雨霰です」などと使います。

聞くも涙、語るも涙の物語

聞き手も語り手も涙を流さずにはいられないような、悲しみに満ちた話。自分の体験談に関して、おどけて使うこともあります。「聞いて下さいよ。聞くも涙、語るも涙の物語でしてね」という具合。

お天道《てんと》様《さま》に申し訳ない

お天道様（太陽）の恵みである食べ物を粗末にすると、お天道様にすまないという意味。昔は、食べ物を残す子供に対して、親がよく使った言葉。

人情紙風船

人情が薄く、頼りないさまを表す言葉。もとは「人情、紙の如し」のようにいっていましたが、それを風に流されて頼りなく動く紙風船にたとえた言葉。

一度死ねば二度とは死なぬ

人間、死ぬのは一度であり、何度も死ぬわけではないのだから、死を恐れることはないという意。おおむね、自棄になったときに発する言葉。「一度死ねば二度とは死なぬ、といいますからね。もう怖いものなんかありませんよ」など。

照る日曇る日

いいことばかりが続くわけではないさま。「照る日もあれば、曇る日もあるさ。それが人生だ」のように使います。

遠からん者は音にも聞け

武士が戦場で名乗りを上げるときの最初のフレーズ。このあと、「近き者は目にも見よ」や「近くば寄って目にも見よ」などと続けます。

歌は世に連れ　世は歌に連れ

歌は世の中の動きによって変わっていき、

また世の中のほうも歌の影響を受けることがあるという意味。

成らぬ堪忍《かんにん》するが堪忍

我慢のならないことを我慢するのが、本当の堪忍だという意味。

ぼろは着てても心は錦《にしき》

着古し、破れた衣服を着ていても、気持ちは華麗な絹織物（錦）のようだという意味。

行きはよいよい　帰りは恐い

子供の遊びの「通りゃんせ」の囃子歌から。行き（前半）は順調にいきそうだが、帰り（後半）には障害が待ち構えていそうで恐ろしいという意。

人生五十年

織田信長も舞った幸若舞『敦盛』の一節。「人間五十年、下天のうらをくらぶれば～」の「人間」が「人生」に変わって使われてきました。

西といえば東という

ああいえばこういう。あまのじゃくな物言いに対して使う言葉。

21 やけに〝インパクト〟がある懐かしい言葉

お釈迦様でも気がつくまい

お釈迦様でも気づかないほどに、うまく隠したり、厳重に秘密にしたので、誰も気づかないだろうという意味。

来たか長さん、待ってたホイ

待ちかねた人が到着したときにいう軽口。「長さん」は言葉の調子をととのえるために選ばれた名前。長井さんや長島さんに対しても、他の名前の人にも使うことのできるフレーズです。

ちゅうちゅうたこかいな

数を数えるときに使う言葉。平安時代、公家の間で流行した双六に由来するとみられます。当時の双六では、サイコロを二つ振り、ともに目が「二」だったとき、

「重《じゅう》二《に》」と呼びました。それが後世「ちゅうに」に変化、また偶数を加えていくと八になり、八本足のタコにつながることから、この言葉が生まれたと考えられています。

仏ほっとけ　神かまうな

信心の薄い者が、自己弁護に使うシャレ言葉。

お医者様でも草津の湯でも、惚れた病は治りゃせぬ

恋の病ばかりは、名医にかかっても、名湯につかっても治せないという意味。

尻から煙の出るほど

タバコを数多く吸うことの形容。「尻から煙の出るほどのチェーンスモーカー」などと使いますが、喫煙派が肩身の狭い思いをするようになってから、あまり耳にしなくなった言葉。

自棄《やけ》のやん八《ぱち》

「やけ」になるさまを調子よくいう言葉。略して「自棄っぱち」。「もう、こうなりゃ、自棄のやん八ですよ」など。

矢でも鉄砲でも持ってこい

どんな方法でもいいので、かかってこい

という意味。半ば自棄気味にいう言葉で、「もう、こうなれば破れかぶれだ。矢でも鉄砲でも持ってこい」など。

腹が減ってもひもじゅうない

「腹が減っても、空腹ではない」という、武士やその子供の意地立てを表すセリフ。歌舞伎の『伽羅先代萩《めいぼくせんだいはぎ》』に登場するセリフ。

つうと言えばかあ

お互いに息が合っているさま。気心が知れているさま。「つうと言えばかあの間柄」など。「つう」と「かあ」は、モールス信号に由来するという説があります。

申酉騒《さるとりさわ》ぐ

株式相場の格言で、申年と酉年は、株価が乱高下しやすいので、注意せよという意味。

22 なぜか腹も立たない？味わい深い「悪態」

塩をまけ

相手への不快感を最大限に表す言葉。魔除けにもなる「塩」をまいて、二度と寄せつけるなという意味。たとえば、無礼千万な相手が帰った後、「塩をまいておけ！」といえば、「もう二度と家に入れるな」という意味になります。

一昨日《おととい》来《き》やがれ

「もう二度と来るな」という意味の罵り言葉。「何、とぼけたこと言ってんだ。一昨日来やがれ」などと使います。

顔を洗って来い

出直して来いという意味。「二度と来るな」という意味で使うこともあります。

豆腐の角で頭を打って死ね

馬鹿げた失敗をした者などに対する罵り言葉。

すみませんで済むなら、警察いらない

これは、もはや事件であり、謝るだけでは、すまないという意味。暗に、弁償や補償を要求するときにも使われる言葉です。

すべったの、ころんだの

言い訳をいうな、泣き言をいうな、という意味。物を壊したときに、「すべったので」「ころんだので」と言い訳するところから。「すべったの、ころんだの、いうもんじゃない」などと使います。

お涙頂戴

芝居や映画の、観客の涙を誘うような俗な筋立て。「お涙頂戴のありきたりのストーリー」などと、その作品を馬鹿にするときに使います。

骨《ほね》皮《かわ》筋《すじ》右《え》衛門《もん》

がりがりに痩せていて、骨と皮ばかりのような人を、人名のように表した言葉。スマートという意でなく、貧相で食べるものも食べていないというニュアンス。

猫もまたいで通る

猫も食べないほど、料理（とくに魚）がまずいこと。また、誰からも相手にされない人という意味でも使います。名詞化して「猫またぎ」とも。

口ほどには手は動かず

口ばかり達者で、実行力が伴っていないさま。

あの声で蜥蜴《とかげ》食らうか時鳥《ほととぎす》

見かけと中身が違うことのたとえ。とくに、見かけは美しいが、性格は冷酷な女性の形容。美しい声で鳴くホトトギスが、他の鳥は食べないトカゲを食べることから。榎本其角《きかく》の俳句に由来。

ただの鼠ではない

油断のならない人物を表す言葉。鼠のような、とるに足らない者ではないという意。「あの男、ただの鼠ではないですよ」など。

早いばかりが能ではない

仕事は早ければよいものではないという意味。「早いばかりが能ではありませんよ。慎重にね」など。

糸瓜《へちま》とも思わない

何とも思わない。まったく意に介さないさま。この言葉では、糸瓜はつまらないものの代名詞として使われ、「つまらないとさえ、思わない」という意。

お寒い限り

内容が貧弱で、ひじょうに心細いさま。「一応、頭数はそろっていますが、その内実はお寒い限りです」などと使います。

舌を出すのも嫌い

「出すこと」はすべて嫌いで、「舌を出す」のも嫌うほど、ケチであるという意味。

洟《はな》も引っかけない

まったく相手にしないさま。「洟」は鼻水のこと。「提携を申し込んだが、洟も引っかけられなかった」など。今は「鼻も引っかけない」とも書きます。

安かろう悪かろう

値段の安いものには、品質の悪いものが多いという意味。

お里が知れる

振る舞いや言葉づかいによって、生まれや育ち方に想像がつくこと。「そんなことをいうと、お里が知れるよ」などと使います。

余りといえば余り

扱い方や方法が度を越してひどいさま。「余りといえば余りな仕打ち」、「余りといえば余りなお話」など。

以《もっ》ての外《ほか》

ひじょうに、けしからぬこと。常識にはずれたこと。「以ての外の話」など。

如《い》何《か》物《もの》食《ぐ》い

普通の人は、食べないようなものを食べること。「如何物」は、普通とは違った変なもの。

お為《ため》ごかし

表面は「相手のため」であるかのように装いながら、実際には「自分の利益」をはかること。「お為ごかしを並べるな」などと使います。

いけ図々しい

ひじょうに図々しいこと。「いけ」は、非難の意味を強調する接頭語。「いけ好かない」や「いけしゃあしゃあ」にも使われます。

浅はか

思慮の足りないさま。人への批判のほか、「浅はかにも、口車に乗ってしまいました」、「我ながら、浅はかでした」などと、自分の浅慮を認めるときにも使います。

しんねりむっつり

無口で陰気なさま。心に思うことをはっきり明らかにしないさま。「何、しんねりむっつりしているんだよ」など。

抹香《まっこう》臭《くさ》い

ネガティブな方向に仏教的であるさま。「抹香」は焼香に用いるお香で、そのにおいが鼻につくところから。「あの人の話は、どうも抹香臭くてね」など。

酢《す》の蒟蒻《こんにゃく》の

何のかのと文句をつけるさま。一説では「四の五の言う」の「四の五の」を音の似た言葉に言い換えた一種のシャレ言葉。

味もしゃしゃりもない

何の趣もなく、つまらないこと。「味も素っ気もない」と同じ意味。「しゃしゃり」という意味不明の言葉の由来をめぐっては、「しゃしゃりでる」（でしゃばること）の一部という説があるものの、はっきりしません。

23 やっぱり日本人なら知っておきたい「名セリフ」

赤城《あかぎ》の山も今夜を限り

行友《ゆきとも》李風《りふう》作、『国定忠治』中のセリフ。国定忠治は、縄張り争いから、博徒を殺し、追われる身となります。赤城山に潜伏するものの、捕手《とりて》に囲まれ、子分たちと別れるときに語るのが、このセリフ。このあと、「生まれ故郷の国定の村や、縄張りを捨て国を捨て、可愛い子分の手前たちとも別れ別れになる首途《かどで》だ」と続きます。

知らざあ言って聞かせやしょう

河竹黙阿弥作、『白波五人男（浜松屋）』の一節。大盗賊・日本駄右衛門と、その手下「白波五人男」の物語で、五人男の一人・弁天小僧は、武家の娘のふりをして、呉服商の浜松屋で、詐欺を働こうとします。ところが、居合わせた侍に詐欺を見抜かれ、弁天小僧が白状しはじめるときのセリフです。

しがねえ恋の情が仇《あだ》

三世瀬川如皐《せがわじょこう》作、『源氏店《げんじだな》』、通称「切られ与三」のセリフ。小間物商の若旦那・与三郎は、土地の親分の妾のお富との恋仲が知られるところになり、さんざんに斬られます。お富も海に飛び込みますが、通りかかった多左衛門に助けられます。三年後、ならず者となった与三郎がゆすりに行くと、そこには多左衛門の妾となったお富がいました。そのとき、与三郎がお富に向かっていうのが、このセリフです。

こいつア春から、縁起がいいわえ

河竹黙阿弥作、『三人吉三《さんにんきちさ》』より。女装の盗賊「お嬢吉三」、侍あがりの「お坊吉三」、坊主あがりの「和尚吉三」の三人が義兄弟となったことから、繰り広げられる世話物。このセリフは、節分の夜、お嬢吉三が、おとせという夜鷹から百両を奪ったあと、川に突き落としたあとに言うもの。

絶景かな絶景かな

初代並木五瓶《ごへい》作、『石川五右衛門（南禅寺山門）』中のセリフ。五右衛門は、自分の父が真柴久吉（羽柴秀吉）に滅ぼされたと知り、父の無念を晴らすことを決意します。このセリフは、南禅寺山門の楼上から、春景色のすばらしさを述べるもの。このあと、「春宵一刻値千金とは、ちいせえ、ちいせえ」と続きます。

しがねえ姿の、横綱の土俵入りでござんす

長谷川伸作、『一本刀土俵入り』中のセリフ。力士・駒形茂兵衛《もへえ》は、巡業先でクビになり、江戸に帰る途中、茶屋旅籠の酌婦・お蔦に励まされ、櫛や笄《こうがい》、金までもらいます。十年後、博徒となった茂兵衛は、土地のやくざに追われるお蔦一家を助けます。その際、茂兵衛がいう幕切れのセリフです。

切れるの別れるのって、そんな事は、芸者のときに言うものよ。私にゃ死ねと言って下さい

泉鏡花作、『婦系図《おんなけいず》』中のセリフ。ドイツ語学者の早瀬主税《ちから》は、お蔦という元芸妓と所帯を構えています。それを知った恩師の酒井俊蔵は、お蔦と別れるように強要。逆らえない主税は、別れることを決意します。このセリフは、湯島天神で、主税から別れ話を切り出されたお蔦が言い返す言葉。

花に嵐のたとえもあるぞ

花が咲くと、春嵐が散らしてしまうように、人生や物事は順調に進んでいるとき

に限って、邪魔が入るものなので、気をつけよという意味。漢詩の「花発多風雨（花ひらけば風雨多し）」を作家の井伏鱒二が訳した言葉。

春雨《はるさめ》じゃ濡れて行こう

幕末を舞台とする芝居や映画で、勤皇方の志士の月形半平太が茶屋を出ようとしたとき、芸妓が「月さま、雨が」といい、それに半平太が応じるセリフ。

江戸っ子だってねぇ、すしを食いねぇ

かつての大ヒット浪曲の『森の石松金毘《こんぴ》羅代参《らだいさん》』の一節。森の石松が同じ船に乗り合わせた客に対していうセリフ。

悪い奴ほどよく眠る

本物の悪人は、犯罪をおかしても、良心がとがめることもなく、夜ぐっすり寝るものだという意味。黒澤明監督の映画のタイトルより。

24 ユーモアが詰まった記憶にのこる「洒落言葉」

敵もさる者引っかく者

敵の力を認め、さる者（さすがな者）と認めるときに使う言葉。「さる者」を〝猿者〟とシャレて、引っかく者と続けています。

結構毛だらけ、猫灰だらけ

意味は単に「結構である」こと。「猫灰だらけ」は、猫がいたずらをして灰神楽《はいかぐら》が立ち、自分も灰だらけになるさまとみられますが、ここでは言葉に調子をつけるために使われています。

当たりき車力《しゃりき》

「当たり前」という意味を強調し、調子よく言う言葉。「当たりき車力、ブタのケツ」と続く場合もあります。「車力」

は、大八車などを引いて荷物を運ぶ仕事をする人のこと。

旨《うま》かった、牛負けた

食べたものが美味しかったときに使うシャレ言葉。「旨かった」を「馬勝った」とシャレて、その次に「牛負けた」と続けます。

二月は逃げる

二月という月は逃げるように、すぐに過ぎ去ってしまうことを表した言葉。「一月いぬる　二月逃げる　三月さる」という言葉もあり、これは一～三月はすぐに過ぎ去ってしまうという意味。

聞いて丁髷《ちょんまげ》　見て丁髷

「聞いて頂戴、見て頂戴」という意味。

おだてと畚《もっこ》には乗りたくない

おだてに乗るものではないことを強調した言葉。昔、罪人を刑場に運ぶ際に、「畚」が用いられたことから。

平気《へいき》の平左衛門《へいざえもん》

平気であることを人名のように表したシャレ言葉。「平気の平左」ともいいます。

コラム2

そのココロはなんだ？ 「謎掛け風」の洒落言葉

「謎がけ風」の洒落言葉を集めました。意味を想像してください。

□狼の金玉で、触り手なし

怖くて、手を出せないさま。

□傘屋の小僧で、骨折って叱られる

親切にしたり、世話を焼いた（骨を折った）のに、かえって叱られるという意味。

□お寺の引っ越しで、墓が行かぬ

仕事がさっぱり進まず、「はかが行かない」ことと、寺が引っ越ししても「墓が移動しない」ことをかけたシャレ言葉。

□お城の濠で、底が知れぬ

意図や狙い（底意）がわからない人に対して使うシャレ言葉。

□うどん屋の釜で、湯ばっかり

口先ばかりで、実行する気がないという意味。関西では「言う」を「ゆう」と発音するところから、「湯」と「言う」をかけた言葉。

□髪結いの正月で、結うばかり

口先ばかりで何もしない人を皮肉る言葉。これも、「結う」と「ゆう（言う）」をかけた言葉。昔、髪結いにとって、正月前後は書き入れ時で、髪を結うばかりでした。

□石の地蔵様で、もの言わぬ

黙って何も言わないことのたとえ。

□破れ障子で、骨ばかり

破れ障子のように、「骨」ばかりが目立つほどに、痩せているという意味。

□吊るし柿で、下手に固まる

下手なまま固まって、進歩がないさま。柿の「蔕《へた》」と「下手」をかけています。

□砂地の小便で、たまらない

砂地に小便しても、すぐに染み込んでしまうことから、お金が「たまらない」ことのたとえ。

□**薬罐《やかん》の蛸《たこ》**

手の打ちようがないさま。薬罐で蛸を茹でたら、手も足もないことから。

□**雨降りの太鼓**

雨降りの日には、太鼓の「胴」を叩いたところで、うまく「鳴らない」ことから、「どうにもならない」というシャレ。

□**八月の槍**

「ぼんやり」という意味。八月には「盆」があることから、「盆槍」というシャレ言葉。

□**黒犬の尻尾**

面白くない。黒犬は全身真っ黒なので、「尾も白くない」というベタな駄洒落。

□**材木屋の鳶《とび》**

お高く止まっているさま。材木屋では、鳶は立てかけてある木材の先など、かなり高いところに止まるであろうことから。

□**焼野《やけの》の鴉《からす》**

色黒であることのたとえ。焼け野原では、色の黒い鴉がますます色黒に見えるであろうことから。

5章

一生に一度は使いたい
暮らしの
「大人ことば」

25

「食べもの」をめぐる懐かしくて新鮮な日本語

箸休め

食事の間に、気分や味を変えるためのちょっとした料理。「箸休めにどうぞ」、「箸休めにぴったりですよ」などと使います。

波の花

もとは、波が泡立つ様子を白い花に見立てた言葉。そこから、「海に関係する白いもの」ということで、料理関係では「塩」をこう呼ぶようになりました。「塩」という音が「死を」に通じるため、「しお」という言葉を忌んだのです。

きらず

おからのこと。おからは、粉状の食べ物なので、包丁で「切らず」とも使えることから。これも、「空《から》」に通じる「おから」という語を嫌った忌み言葉の一つです。

ありの実

梨のこと。「無し」につながる「なし」という音を嫌った忌み言葉です。

お茶《ちゃ》請《う》け

お茶を飲むときに食べる菓子や漬物など。「お茶請けにぴったりですよ」などと使います。

水《みず》菓《が》子《し》

くだもののこと。そもそも、菓子の始まりはくだものでした。水羊羹のような、水分の多い菓子のことではないので、注意のほど。

銀《ぎん》舎《しゃ》利《り》

白飯のこと。銀色に光ることから。「舎利」は本来、遺骨を意味しますが、寺院で隠語として白飯を指すようになり、銀色に光ることから、「銀舎利」となりました。なお、M-1で優勝した漫才コンビの名は「銀シャリ」と片仮名で書きます。

蹴《け》飛《と》ばし

「馬肉」の俗称です。もちろん、馬が人を蹴飛ばすことがあることからのネーミングです。「たまには、蹴飛ばしでも、食べに行きましょうか」など。

夜《よ》鳴《なき》蕎麦《そば》

夜、屋台で売られるそば。「夜泣き蕎麦」ではないので注意。今は、蕎麦からラーメンに代わり、「屋台のラーメン」ということが多いようです。

木《き》の芽《め》田楽《でんがく》

山椒の芽をすり込んだ味噌を塗って、焼いた豆腐。「木の芽」を「このめ」ではなく、「きのめ」と読むと、山椒の芽を意味します。

落雁《らくがん》

型押しして作る干菓子。「落雁」という菓子らしくない名は、琵琶湖に降りてくる雁の情景を描いた干菓子が、その始まりだったことに由来するとされます。

吸い口

料理関係では、吸い物に浮かべたり、煮物にそえる葉物をこう呼びます。料理以外では、口で吸う道具の部分を意味します。

26 「お酒」をめぐる懐かしくて新鮮な日本語

お熱いの

熱燗など、温めた日本酒のこと。「お熱いのをおひとつ、いかがですか」のように、お酒をすすめます。

ご一献《いっこん》

一杯の酒。大人なら、人にお酒をすすめるときは、「どうぞ、一杯」ではなく、「まずは、ご一献」と言いたいもの。

否々三杯《いやいやさんばい》

「いやいや」と辞退しながらも、すすめられるままに酒を飲むさま。

御《ご》酒《しゅ》をいただく

酒を飲むこと。この「御酒」は日本酒限

定の言葉で、ビールやウイスキーなど、洋酒に使うのはミスマッチ。

鉄管《てっかん》ビール

水道水のこと。鉄管（水道管）から出てくる飲み物という意味。

諸白《もろはく》

上質の酒。麹用の米と蒸し米のいずれも、よく「精白」してつくった酒という意味。

縄《なわ》暖簾《のれん》

縄のすだれのことですが、居酒屋の代名詞として使われています。なお、縄暖簾を下げた飯屋が登場するのは、江戸時代の寛政期以降のこと。そのため、江戸初期以前を舞台にした時代劇に、縄暖簾をかけた店が出てくるのは、考証上おかしいことになります。

瓶子《へいし》

酒を注ぐための容器。「へいじ」とも読みます。

お神酒《みき》徳利

神前に供える神酒を入れた徳利。二つを一対にして用いることから、「お神酒徳利のよう」といえば、いつも一緒にいる二人連れのこと。

27 ちょっとやっかいな「食」をめぐる言葉

御強《おこわ》

赤飯のこと。この場合の「強」には、固いという意味があります。

水団《すいとん》

小麦粉の団子を入れた汁。「団」を「とん」と読むのは、比較的新しい唐音。

衣被《きぬかつぎ》

小ぶりの里芋を皮つきのまま茹でたもの。平安時代の女性が頭にかぶった衣に見立てた名前です。

四《よ》の膳《ぜん》

本膳料理の四番目の膳。「死」に通じる四《し》という読み方を避けて、「よのぜん」

と読みます。

熟鮨《なれずし》

魚を発酵させた料理。「熟れる」は普通「うれる」と読みますが、「なれる」と読むと、食べ物が発酵し、いい味になること。「琵琶湖名物の熟鮨」など。

味酒《うまさけ》

上質でおいしい酒。他に「旨酒」とも。

枯露柿《ころがき》

干し柿のこと。藁の上でころがして乾燥させることから、この名があります。

「転柿」とも書きます。

言問団子《ことといだんご》

東京・隅田川の言問橋周辺の名物団子。「言問」は、東京都墨田区にあった旧地名です。

屈《こごみ》

山菜の一種。その若葉が「屈んだ」ように見えることから、この名があります。

香《こう》の物

漬物のこと。「漬物」というよりは、丁寧な感じがする言葉。

28 「モノ」をめぐる懐かしい言葉にピンときますか

懐《かい》紙《し》

懐に入れておく紙。「茶会用に懐紙を用意する」など。茶会で使う紙を間違っても「ちり紙」と呼ばないように。

箪《たん》笥《す》の肥《こ》やし

ほとんど着ないで、箪笥にしまいこんだままの衣服。

よそゆき

外出する際に着る衣服。「よそゆきの服」など。漢字で書けば「余所行き」。

印《いん》伝《でん》

本来は、鹿か羊のなめし革のこと。今は、牛革を加工したものが増えています。

「印度伝来」の略。「印伝の財布」など。

不《ふ》香《きょう》の花《はな》

「香りのない花」という意味で、雪の別称。

ぞっき本

ぞっき屋で扱われるような、安値で売られる本。ぞっき屋は、雑誌などの見切り品を安く仕入れて、露天商などに卸す商売。

吸《すい》呑《の》み

吸い口の長い容器。病人が、寝たまま、水を飲むときなどに使います。

高野《こうや》切《ぎれ》

紀貫之《きのつらゆき》筆と伝わる古今和歌集の現存する最古の断片。高野山に伝わるので、この名があります。

杯《はい》洗《せん》

酒席で、杯を洗う器。杯をやりとりする習慣がなくなり、杯洗が登場する酒席も少なくなりました。「盃洗」とも書きます。

常《とき》磐《わ》津《ず》

浄瑠璃節の一派。常磐津文字太夫が創始したところから、この名があります。

神明造《しんめいづく》り

神社本殿の建築様式の一つ。たとえば、両国国技館の土俵の上に吊ってある屋根は、神明造りの形をしています。×しんみょうづくり。

草《そう》仮《が》名《な》

万葉仮名を草書体に書きくずした字体。ひらがなのもとになりました。

舁《か》き山《やま》

「舁《か》く」は肩にのせて運ぶことで、「舁き山」は担いで運ぶ山車《だし》。車輪の付いていないタイプをこう呼びます。一方、車輪付きの山車は「曳き山」と呼びます。

鹿威《ししおど》し

風流な庭園装置。竹に流水がたまると「カーン！」と鳴る仕掛け。

蝙蝠傘《こうもりがさ》

洋傘のこと。開いた形がコウモリに似ていることから、こう呼ばれました。「和傘」に対する言葉でしたが、和傘が使われなくなるとともに、「蝙蝠傘」や「洋傘」も使われなくなって、今は単に「傘」と呼ばれています。

鼈甲《べっこう》

カメ類の甲羅。眼鏡や簪《かんざし》などの素材に使われてきました。「鼈甲の簪」など。

玉梓《たまずさ》

手紙の美称。「梓」の字を使うのは、昔、使者が手紙を梓の木に結んで届けたことから。

薄縁《うすべり》

裏や縁《へり》をつけたむしろ。おもに家の中で使います。

折敷《おしき》

食器や神饌（神様に供える食べ物）などをのせる盆。四方から折って縁をつけてあるところから、この名に。

濃絵《だみえ》

濃彩をほどこした絵。「彩絵」とも書きます。

曲尺《かねじゃく》

大工が使う直角に折れ曲がった形の物差し。

合切《がっさい》袋《ぶくろ》

携帯品を入れる手提げ袋。「信玄袋」のこと。

上《あ》がり框《かまち》

家の玄関などで、上がり口の床の手前に渡された横木。

澪《みお》標《つくし》

河や港の水路を示すために、立てられた杭。『源氏物語』の巻名の一つでもあります。

厨子《ずし》

仏像や経典などを納めておく収納用の仏具。国宝「玉虫の厨子」など。

枝《し》折《おり》戸《ど》

木や竹の枝を編んで作った簡素な戸。和風庭園の入り口などでよく見かけます。

五《ご》郎《ろ》八《はち》茶碗《ぢゃわん》

やや大ぶりな飯茶碗。肥前の陶工、高原五郎八が作り出したことから、この名になったと伝わります。

29 「衣服」をめぐるあんな言い方、こんな言い方

薄物《うすもの》

薄く織った織物。おもに、羅《ら》や絽《ろ》など、透けて見えるような布でつくった夏用の着物を指します。

墨染《すみぞめ》の衣《ころも》

黒色の僧侶の服。あるいは、喪服のこと。

湯文字《ゆもじ》

女性が入浴時に身につけた一重《ひとえ》。後ろに「文字」をつける女房言葉のひとつ。

唐桟《とうざん》

平織の高級な綿布。「唐桟の着物」など。

飛白《かすり》

ところどころ、かすったような文様がある織物や染物。「絣」とも書きます。

褞袍《どてら》

綿を入れた冬の部屋着。「袍」一字で「わたいれ」と読みます。

浴衣《ゆかた》掛《が》け

浴衣だけのくつろいだ姿。「浴衣掛けで夕涼みに出かける」、「どうぞ、浴衣掛けでいらしてください」などと使います。

繻《しゅ》子《す》

布の表面に光沢がある織物。「繻」には「うすぎぬ」という訓読みがあります。

上《じょう》布《ふ》

上等の麻を使って織り、夏物に用いる布。越後上布、近江上布、薩摩上布など。

お下がり

お古。兄姉が着た後、弟妹に着せる衣服。もとは、神に供えたお神酒などを取り下げたものを「お下がり」と呼んだことに由来する言葉です。

30 その「場所」にぴったりの言い方があります

女坂

神社やお寺の参道、あるいは登山道のうち、傾斜がゆるやかなほう。きついほうは「男坂」と呼びます。

しもたや

商売をせず、ふつうに暮らす家のこと。漢字では「仕舞屋」と書き、もとの商家が、店を「しまうた（仕舞うた）屋」という意味。

太物店《ふとものだな》

綿織物や麻織物を商う店。「絹織物（呉服）」に対して、綿織物や麻織物を「太物」と呼びます。

豊葦原《とよあしはら》

日本の美称。

常《とこ》つ国《くに》

黄泉《よみ》の国の別称。あるいは、海の彼方にあると考えられた国。

須《しゅ》弥《み》山《せん》

古代インドの世界観で、世界の中心にそびえる山。

不開《あかず》の間《ま》

開くことのない部屋。漢文のような読み方をする語。

鉄《くろがね》の城《しろ》

堅固な城のこと。「くろがね」（黒金）は鉄の異称。

愛の巣

愛し合う者同士の新家庭。昭和初期の流行語で、当初は公認されていないカップルの同棲を指しました。その後、おもに新婚家庭も指すようになりました。

花《か》柳《りゅう》界《かい》

芸者や遊女のいる遊里や遊廓の世界。か

つて中国では、遊里の出入口に花や柳を植えたことから、「花街柳巷」と呼び、日本では「花柳界」と縮められました。

梨《り》園《えん》

歌舞伎界のこと。唐の玄宗皇帝が「梨の木のある庭園」で、自ら音楽や舞踊を教えたという故事に由来します。そこから、日本では歌舞伎界を指すようになりました。

百《ひゃっ》間《けん》長《なが》屋《や》

長く続く長屋。

真《ま》秀《ほ》ろば

すぐれた立派な場所。「大和は国の真秀ろば～」など。

築《つき》山《やま》

庭園に、土砂などを小高く築き、山に見立てたもの。

31 どこか懐かしい「動・植物」をあらわす言葉

半《はん》風《ぷう》子《し》

シラミの異称。「虱《しらみ》」という漢字が「風」の半分のようであるという意味のシャレ言葉。

兎《う》の毛《け》

ウサギの毛のことで、きわめてかすかなことのたとえ。「兎の毛で突いたほど」などと使います。

寒《かん》立《だち》馬《め》

青森県東通村の尻屋崎一帯で、冬も放牧されている馬。

盆《ぼん》花《ばな》

お盆の行事で、精霊棚などに飾る花。キ

キョウやオミナエシなど。

枝《し》垂《だ》れ桜《ざくら》

枝が細く、垂れ下がって咲く桜。三月から四月にかけて開花。

朽《くち》葉《ば》

枯れて落ちた葉っぱのこと。また、腐った落ち葉のこと。

雄《お》松《まつ》

クロマツの別称。一方、「雌松」はアカマツの別称。

弱《なよ》竹《たけ》

細くしなやかな竹。若竹。

葦《よし》

植物の葦《あし》の別称。「悪し」につながるアシという音を忌み、「ヨシ」と呼びます。

樒《しきみ》

仏事に使う木。線香や抹香の原料になり、墓地に植える植物。果実が毒を含むところから、その名は「悪しき実」が変化したという説があります。

32 大人の教養として外したくない「熟語」

懸想《けそう》

異性に恋すること。「人妻に懸想する」など。「けんそう」と読まないように。

鯔背《いなせ》

粋な様子。江戸時代、気風のいい若者たちの間で鯔（ボラの幼魚のこと）の背びれに似た形の髷が流行ったことから。

初音《はつね》

ウグイスやホトトギスなどが、その年に初めて鳴く声。「鶯の初音を聞く」など。

現人神《あらひとがみ》

戦前は、天皇のことをこう呼びました。「人の姿で現れた神」という意味。

大陸的

細かいことにこだわらず、度量の大きいさま。「大陸的なおおらかさのある人」など。

人柱《ひとばしら》

ある目的のため、犠牲になった人。もとは生贄のこと。

総角《あげまき》

髪形の名前。時代によって形が違い、古代には少年の髪形、明治時代には女性の髪の結い方を指しました。

青《せい》海《がい》波《は》

雅楽の曲名。あるいは、波形の文様。「がい」と濁って読みます。

人人《ひとびと》御中《おんちゅう》

手紙の宛名の左下に書き、敬意を表す脇付。

山山入《やまやまいり》

「出入」の当て字。昔の商家では「（金銭が）出る」という漢字を嫌い、「出」を「山を二つ重ねた形」と見て、「出入」のことを「山山入」と書きました。

入定《にゅうじょう》

高僧の死の婉曲表現で、「入滅」や「入《にゅう》寂《じゃく》」と同じ意味。もとは「禅定に入る」ことで、精神を統一し、宗教的な瞑想に入ることを意味します。

三和土《たたき》

日本家屋の土間。土、石灰、石の三種を混ぜたもので、土間の床を叩き固めたところから。

匆々《そうそう》

手紙で「前略」を受けて、最後に書く結語。「草々」と同様に使います。「忽々」とも書き、あわただしくて申し訳ありませんという意を表します。

糠床《ぬかどこ》

糠味噌漬けを作るための漬物床。なお、「糠味噌が腐る」は、「糠床が傷んでしまいそう」なほど、歌が下手なことを冷やかす言葉。

格天井《ごうてんじょう》

材木を格子に編んだ天井。書院造りなどで、格式の高い部屋に用いる様式。

33

「時間」と「時期」をめぐる昔からの表現

明《あ》け六《む》ツ

朝六時頃。おおむね、昔の一日が始まる時刻。「明け六つ」と書いてもＯＫですが、「明け六ツ」と書いたほうが雰囲気が出ます。

その節《せつ》

そのとき。その折。「節」は、「とき」や「折」を格調高く表す言葉。「その節は、たいへんお世話になりました」など。

日《ひ》延《の》べ

予定の期日を延ばすこと。期間を延長すること。「次回の会合、すこし日延べしましょうか」、「ローンの返済期間を日延べしてもらう」などと使います。

夜《よ》もすがら

夜通し。一晩中。「すがら」は「過ぐ」に状態を表す接尾語「ら」がついた語とみられ、「初めから終わりまで」を意味します。

今日日《きょうび》

今日この頃のこと。「今日日、それも当たり前ですよ」、「今日日、そんな話は通りませんよ」などと使います。

砌《みぎり》

境界。時節。もとは、家屋と庭の境の敷石を表し、そこから境界を指すようになりました。「厳寒の砌」といえば、寒い時節のこと。

時しもあれ

まさにそのとき。折も折。「時しも」の強調形。

今際《いまわ》の時

死ぬ間際のこと。「今際の時を迎える」。

三隣亡《さんりんぼう》

陰陽道に由来する民間信仰の凶日。この日に建築を行うと、火事がおこって「隣近所三軒を亡ぼす（三隣亡）」とされました。

艮《うしとら》

北東の方角。十二支で表す方角の一つで、丑の方角と寅の方角の間。「丑寅」とも書きます。「鬼門」にあたる方角。

たけなわ

季節や行事が最も盛んな時期。「秋もたけなわ」、「宴もたけなわですが」など。漢字では「酣」や「闌」と書きます。

ひねもす

朝から晩まで。「春の海ひねもすのたりのたりかな」など。漢字では「終日」と書いて「ひねもす」と読みます。

産み月

出産予定の月。「産み月は○月です」など。出産予定の月を伝えたり、尋ねたりするときは、「臨月」よりも「産み月」を使ったほうが上品に聞こえます。

6章

知的な「大人ことば」の使い手になる

【慣用句編】

34 どこか懐かしい慣用句あれこれ

松が取れる

門松がはずされるという意から、正月の松の内を過ぎ、ふだんの生活に戻ること。

花も恥じらう

若く美しい女性の形容。美しい花でさえ、恥ずかしがるほどの美貌という意。「花も恥じらう十七歳」など。

箸《はし》が転んでもおかしい年頃

十代後半のよく笑う年頃のこと。もっぱら、少女に対して使う言葉です。

お蚕《かいこ》ぐるみ

贅沢な身分を表す語。「蚕」が絹を生み出す幼虫であることから、「絹物を着る身分」を表します。「お蚕ぐるみで育てられる」など。

畳《たたみ》の目を読む

うつむいて、恥ずかしがっているさま。あるいは、することがなく退屈している様子を表すときに使うこともあります。

竈《かまど》にぎわう

暮らし向きが豊かになること。

蒟蒻問答《こんにゃくもんどう》

とんちんかんな会話を意味する言葉。古典落語の『蒟蒻問答』に由来し、「まるで蒟蒻問答だね」などと使います。

時の氏神《うじがみ》

もめ事や争いを仲裁する、ありがたい世話人のこと。「氏神」は、一族の神や土着の神を表す語。

裃《かみしも》を脱ぐ

格式ばらず、気楽にうちとけること。江戸時代の武士は、正式な場で裃を着けたことから。

川の字に寝る

子供を真ん中にして、両親が両側に寝る

様子を「川」にみたてた言葉です。

枕を濡らす

夜、床にいる間に、涙を流すさま。「どれだけの夜、枕を濡らしたことか」など。

左褄《ひだりづま》を取《と》る

芸者になること。「左褄」は、和服の左側のすそ。芸者が歩くときに、左褄を指先でちょいとつまむことから。

化け物も引っ込む時分《じぶん》

真夜中のなかでも、遅い時間帯。夜、出てきた化け物も、ひと仕事終えて、引っ込むような時間帯という意味。

鳥《とり》も通《かよ》わぬ

陸地から遠く離れた孤島を表す語。鳥すらも飛んで行くことができないほど遠いところという意味。「鳥も通わぬ離れ小島に流される」など。

瘧《おこり》が落ちる

熱中していたことから、何かのはずみで急に醒めること。「瘧」はマラリアのこと。

35 男と女の関係は、慣用句で表現できる

恋路《こいじ》の闇

恋をすると、思慮分別が失われ、周囲の状況や事情が見えなくなること。

生木《なまき》を裂く

仲のよい恋人同士や夫婦を、無理に別れさせること。「両親の反対にあい、生木を裂かれるような思いで別れた」などと使います。

角を出す

嫉妬すること。能楽で、女性の生霊《いきりょう》が角のある鬼の姿になる様子にたとえた言葉。

焼け木杭《ぼっくい》に火がつく

一度別れた男女の仲が元に戻ること。木

杭に火がつくと、なかなか完全には消えずに、何かのはずみによって再燃することから。

肌を許す

女性が男性の求めに応じ、関係をもつこと。「体を許す」ともいいます。

枕を交わす

男女が関係をもつことを婉曲に表す言葉。

手鍋提《さ》げても

好きな男性と一緒になれるなら、貧しさもいとわない気持ちのたとえ。「手鍋を提げる」は、自分で炊事道具を運ぶような、あるいは炊事をするような貧しい暮らしを意味します。

鶯《うぐいす》鳴かせたこともある

女性がかつては色香たっぷりで、「鶯を鳴かせる梅の花」のように、男どもを騒がせたこともあるという意味。

秋風が立つ

男女の愛情が冷めるさま。秋風が、夏の暑さを冷ますことから。「秋」が「飽き」にかかっています。

36 「動・植物」に関係する懐かしの慣用句

籠《かご》の鳥

自由を奪われた身の上であること。籠の中の鳥は、自由に飛べないことから。

生け簀《す》の鯉

これも、自由を束縛されているさま。生け簀で飼われている鯉のように、自由に動けないさま。

張り子の虎

見かけだけは強そうな者のたとえ。張り子で作った中身が空洞の虎のおもちゃのように、という意。

閑《かん》古《こ》鳥《どり》が鳴く

お客が来ない状態。閑古鳥はカッコウの

ことで、昔からカッコウの鳴き声は寂しいものとされてきました。「店内は閑古鳥が鳴くような状態」など。

おけらになる

一文無しになること。「おけら」は昆虫の一種で、それが前足を広げている様子が、「お手上げ」のようであることから。

頭の上の蝿《はえ》を追う

人のことをとやかく言うまえに、まず自分自身の始末をするという意。「人の仕事ぶりをとやかく言うまえに、まず自分の頭の上の蝿を追うことだ」のように用います。

虫も殺さぬ

穏やかで、荒々しいところがないさま。「虫も殺さぬ、いい男」など。

ぺんぺん草が生える

家などが放置され、荒れ果てている様子を表す語。ぺんぺん草はナズナのことで、放っておくと、どんどん生え広がる草。

草木も靡《なび》く

勢いあるものに、大勢の者が従う様子。風の吹く方向に、草木が靡くことから。「草木も靡く勢い」など。

37 体の一部が登場する懐かしの慣用句

陰で舌を出す

相手の前では、殊勝に見せかけながら、相手がいないところでは、本性を出して、馬鹿にしたりすること。

目《め》引《ひ》き袖《そで》引《ひ》き

目くばせしたり、袖を引っ張ったりして、意を通じ合うこと。「周りの人が目引き袖引きして、彼の言動を嘲笑っている」など。

目でいただく

料理の美しさを目で楽しむこと。おもに日本料理に使い、「季節の料理を目でいただきました」などと使います。

口が腐っても

絶対に口にせず、秘密を守ること。口が腐るほどに、口を動かさないという意。「口が腐っても、人にはいいませんよ」など。

白い歯を見せる

笑顔を見せること。「吉報に白い歯を見せる」など。

卵に目鼻

卵形で、色白の、可愛らしい顔の形容。

脛《すね》に疵《きず》

やましいことがあること。昔犯した悪事を隠していること。「脛に疵持つ身」など。

赤面の至り

ひじょうに恥ずかしく思うさま。「監督不行き届き、赤面の至りです」など。

手の舞い足の踏むところを知らず

ひとりでに、体が踊り出してしまうほどに、喜ぶさま。「あまりの嬉しさに、手の舞い足の踏むところを知らずというありさまでした」など。

臍《へそ》で茶を沸かす

あきれるほど、ばかばかしいこと。腹をよじって大笑いすると、臍が動くことからの比喩。

臍の緒をひきずる

生まれたままで、成長していないこと。臍の緒は生まれるとすぐに切り取るものですが、まるでそれを引きずっているようという意。

尻が青い

まだまだ一人前でないこと。乳幼児の尻に、児斑《じはん》（蒙古斑）と呼ばれる青あざがあることから。

尻が暖まる

長い間、同じ場所にいるさま。同じ仕事についているさま。

腹に一物

口には出さないものの、腹の中に何かの思いを秘めていること。「腹に一物、手に荷物」という地口もあります。

38 知っていますか？懐かしい＆難読の慣用句

名を腐《くた》す

名誉をけがす。評判を落とす。「くさす」と読まないように。

名を埋《うず》む

名を残さないようにする。あえて、知られないようにする。

容《よう》体《だい》振《ぶ》る

もったいぶる。気取る。「容体振った人物」など。

哀れを止《とど》める

同情を一身に集めるような、不幸な姿。「哀れを止める落ちぶれよう」など。

形《かたち》を変《か》う

髪を剃って出家すること。俗人から僧になると、頭を丸め、衣をかえることから。

待《ま》て暫《しば》しがない

気が早い。大急ぎであるさま。「待て、暫しと考えることがない」という意。

巻《かん》を措《お》く能《あた》わず

本がたいへん面白く、途中で本をおくことができず、最後まで読んでしまうさま。「まさに巻を措く能わず、徹夜で読んでしまいました」など。

寂《せき》として声なし

ひっそりとして静かで、人の声がまったく聞こえないさま。

擽《くすぐ》りを入れる

話の中に、笑いの要素を入れること。相手を「くすぐる」ことから出た表現。

灰汁《あく》が抜ける

比喩的に、癖のある性格から嫌みがなくなること。もとは、野菜などのえぐみや渋みが抜けること。

39 「〜のよう」「〜のごとく」式の言葉の使い方

青畳《あおだたみ》を敷いたよう

海面を青々とした新しい畳にたとえた言葉。「青畳を敷いたような大海原」など。

絹《きぬ》を裂くような

かん高い鋭い声のたとえ。絹の布を裂くと高く鋭い音が出ることから。「絹を裂くような叫び声」など。

縄暖簾《なわのれん》にもたれるよう

頼りにならないさま。縄暖簾にもたれると、後ろにひっくりかえってしまうことから。「彼を頼りにするなんて、縄暖簾にもたれるような話だね」のように使います。

鼠《ねずみ》に引かれそう

家の中に一人きりで、さびしい様子のたとえ。

頭から水を浴びたよう

思いがけないことに出会って、衝撃を感じること。「失格と聞いて、頭から水を浴びたような思いがする」などと使います。

手の切れるよう

まっさらな新札を形容するときに使う語。「手の切れるような新札」など。

蟻《あり》の甘きにつくごとく

蟻が砂糖に群がり集まるように、人々が儲け話に集まってくることのたとえ。

猫の子を貰《もら》うように

嫁や養子を無造作に貰うさま。多くの場合、「猫の子を貰うわけじゃないんだから」という形で使います。

醤《しょう》油《ゆ》で煮《に》染《し》めたよう

白い布などが黒く汚れているさま。まるで醤油で煮染めたかのような色になっているという意味。

40

“昔の大人”が使った慣用句
——何をすること？

畳《たたみ》の上で死ぬ

穏やかな死に方をすること。事故などではなく、自らの家の畳の上で死ぬという意味。

大尽風《だいじんかぜ》を吹かせる

いかにも金があるように振る舞うこと。「大尽」は「大身」を書き換えたもので、財産家のこと。

お座敷がかかる

宴会・会合などに招かれること。もとは、芸者が宴席に呼ばれること。「○○社の専務から、お座敷がかかりましてね」など。

板の間を稼ぐ

板の間（風呂屋の脱衣場）で、金品を盗むこと。「板の間稼ぎ」は、それを専門とする泥棒。

想像を逞《たくま》しゅうする

好き勝手にいろいろと想像すること。「事の顛末に関して、想像を逞しゅうする」など。

鉦《かね》や太鼓で探す

大騒ぎして探し回ること。かつて、迷子を探すときに、鉦や太鼓で大きな音を立てて探したことから。

小間物屋《こまものや》を広げる

反吐《へど》をはくこと。小間物屋がこまごまとした商品を広げるように、食べたものをぶちまけることから。

押っ取り刀で駆けつける

とるものもとりあえず、駆けつけること。「押っ取り刀」は、刀を腰に差す暇がなく、手に持ったままの状態のこと。

おくらになる

演劇・映画などの企画や上演が中止になること。

生命線を脅かす

この「生命線」は、生きるか死ぬかの分かれ目のこと。「満蒙《まんもう》は日本の生命線」など。

一席設ける

お客を招くため、宴会などを催すこと。「今度、一席設けたいと存じますが、いかがでしょうか」など。

席を改める

場所を他の場所に移すこと。接待の席では、次の店に移ること。「このあたりで、席を改めましょうか」など。

お払い箱にする

ものや人を取り除くこと。「会社をお払い箱になりました」など。もとは「御祓い箱」と書き、伊勢神宮から信者に配られた厄除けの薬、暦などを入れた箱のこと。その箱が不要な物を入れるのに使われたことから。

お迎《むか》えがくる

死ぬときが訪れること。臨終の際、仏が現れ、人を極楽に導いてくれるという考え方から生まれた言葉。

41 〝昔の大人〟が使った慣用句 ——どんな状態？

座が長い

他家を訪問したとき、長く居座ってなかなか帰らないこと。「いい人なんだが、座が長くてねぇ」のように使います。

通りがいい

世間の人に受け入れられやすいさま。「社名より、ブランド名のほうが通りがいいようです」など。

隠すより現る

隠そうとすればするほど、状況や言動が不自然になり、かえって露顕しやすくなるという意味。「下手に隠さないことですよ。『隠すより現る』といいますから」など。

俗《ぞく》に落ちる

作品などを一般受け（俗受け）するように仕上げること。「いささか俗に落ちた作風」など。

薬にしたくもない

探してもないさま。この「薬」は、量がごくわずかであることのたとえ。

光るところがない

他と比べて、特別にいいところがないさま。「手堅くまとまってはいるものの、取り立てて光るところはない作品」など。

我が意を得る

人のいうことが、自分の考えと一致していること。「○○さんのご意見、まさしく我が意を得た思いがしました」など。

異とするに足りない

何も奇妙なことはない。当たり前のことであるさま。「今回の昇進は、彼の実績を考えると、何ら異とするに足りません」などと使います。

露命《ろめい》をつなぐ

かろうじて暮らしているさま。「露命」は、露のようにはかない命という意。「年金で、なんとか露命をつないでいます」など。

ぐうの音も出ない

徹底的に相手にしてやられて、反発・反論の声も出ないさま。「ぐう」はひじょうに苦しいときに出る声であり、そんな声すら出ないという意。

一人を慎む

たとえ人が見ていなくても、良心に恥じるようなことをしないこと。「君子たる者、一人を慎まなければならない」など。

相撲にならない

実力が違いすぎて、相手にならないこと。「相撲が違う」も同様の意味。

分《ぶん》を知る

身分や立場をわきまえているさま。この「分」は、「ぶ」ではなく、「ぶん」と読みます。

音に聞く

噂に聞く。有名な。「音に聞く豪の者」など。

42 おもしろくて、どこか懐かしい「大人ことば」

メートルを上げる

酒に酔って上機嫌になること。気炎を上げること。「今日は、やけにメートルが上がっているじゃないか」など。

上げ膳据え膳

お客のように、ひじょうに大事にされているさま。自分でお膳を並べたり片づけたりしなくても、誰かがしてくれる身分という意。「上げ膳据え膳で育てられる」など。

酢《す》豆《どう》腐《ふ》

知ったかぶりをする人。通人ぶる人。腐って酸っぱくなった豆腐を、知ったかぶりする者が「これは、酢豆腐という食べ物」といって食べる落語に由来する言葉。

折り目高

礼儀正しい態度のこと。衣服の折り目が高く張って見えるほど、という意味で、「堅苦しい態度」というニュアンスを含んでいます。なお、「折り目正しい」の「折り目」も、もとは衣服の折り目のこと。

判官《はんがん》びいき

弱い者や気の毒な人に同情して肩をもつこと。この「判官」は、源義経のこと。義経は検非違使尉《じょう》であったことから、別名「判官」と呼ばれ、彼が兄の頼朝にうとまれて滅ぼされたことに、庶民が同情するところから。

お役御免

官職などを辞めること。仕事を辞めさせられること。「このたび、お役御免となりまして」など。

風の便り

どこからともなく聞こえてくる噂。「その後の消息は、風の便りには聞いていたのですが」など。

ここを先途と

ここが勝負所と思い、という意。「先途」

は、勝敗などが決まる瀬戸際のことです。「ここを先途と攻めたてる」など。

明後日《あさって》の方向

見当違いの方向。目的とまったく違う方向。「話が明後日の方向へ進んでいる」などと使います。

言うだけ野暮

今さら口にするのも馬鹿げていること。「言うだけ野暮というものですよ」など。

星をいただく

星の見える夜明け前から、外に出て働きはじめること。

此《こ》は如何《いか》に

これはどうしたことか、という意。「此は如何に。珍客の到来だ」など。

筍《たけのこ》生活

家にあるものを切り売りして生活費にあてる生活。筍の皮を一枚一枚はがしていくような暮らしぶりであることから。

百年の恋も一時に冷める

恋していた人の興ざめな言動にふれたり、意外な一面を知ったりして、恋心がたちまちのうちに冷めてしまうこと。

鬼《おに》が出るか蛇《じゃ》が出るか

何が起るか、結果がどうなるか、予想がつかないこと。「鬼が出るか蛇が出るか、やってみないことにはわからない」など。

気の毒千万

おおいに同情すべきであるさま。「非のない彼には気の毒千万な話で、何か手助けできないかと」のように使います。

台《たい》風《ふう》一《いっ》過《か》

騒ぎがおさまり、平常に戻った様子。台風が過ぎると、晴天が広がるところから。「嵐の前の静けさ」と対になる言葉。

願ったり叶《かな》ったり

相手の申し出などが、こちらが願う方向に合い、希望が叶う方向に物事が進むさま。

天にも昇る心地

ひじょうにうれしく思う気持ち。なお、成句としての正しい形は、「天にも昇る気持ち」ではなく、「天にも昇る心地」。

7章

一目おかれる「大人ことば」の使い手になる

【ことわざ編】

43 人生と人間関係に関する〝しみる〟ことわざ

義理は借り物

義理は、物を借りたときと同じように、返さなければならないという意味。

使う者は使われる

人を使うのは、使われる以上に気骨が折れるものだという意味。

すまじきものは宮仕え

会社に勤めるなど、人に仕えるのは気苦労が多いので、するものではないという意味。×「すさまじきもの〜」。

石に蒲団《ふとん》は着せられぬ

親が亡くなり、墓石になった後は、したくても親孝行や介抱はできないという意味。

先生と呼ばれるほどの馬鹿でなし

「先生」と呼んでくる者には、下心があったり、内心では馬鹿にしている者もいるが、こちらもそれを真に受けるほどの馬鹿ではないという意味。

昨日の敵は今日の味方

もとは、人の心は変化しやすく、当てにはならないという意味。今は、情勢は変化するので、敵対していた者が味方になることもあるという意味でよく使われています。

遠い親戚より近くの他人

いざというときには、遠くに住む親戚よりも、近くに住んでいる他人のほうが頼りになるという意。

男子家を出《い》ずれば七人の敵あり

世間には敵が多いので、男性はいったん家の外に出たときは、気をゆるめずに振る舞わなければならないという意味。

酒を呑むとも呑まるるな

酒は呑んでもいいが、呑みすぎて失態を演じないようにしなさいという意。

握れば拳開けば掌

同じ物でも、使う人の心しだいで、いろいろに変化すること。手は、拳を握って人を殴ることもできるし、やさしく開いて幼い子らを撫でることもできるという意。

何でもこいに名人なし

何でもできるという器用な人に、名人や達人はいないという意味。

命長ければ恥多し

長生きすると、何かと恥をかくことが多いという意味。

若いときの苦労は買ってでもせよ

若いときの苦労は、得難い経験になるので、嫌々するのではなく、「買ってでもせよ」という意味。

鬼も知った鬼がよい

どんな人間であっても、まったく知らない人よりは、前から知っている人のほうがよいという意味。

上手の手から水が漏れる

すぐれた腕前をもつ人も、ときには失敗

すること。「弘法にも筆の誤り」や「猿も木から落ちる」と同じ意味。

勝敗は時の運

勝敗は、時の運不運によって決まるものという意味。

売り言葉に買い言葉

片方が暴言を吐くと、もう一方も言い返して喧嘩になるので、言葉には気をつけよという意味。

恋に師匠なし

色恋は、誰から教えられるものではなく、年頃になると、しぜんに覚えるものという意味。

女房の焼くほど亭主もてもせず

妻が焼き餅を焼くほどには、夫は外でもてはいないという意味。嫉妬する愚かさを戒める言葉。古川柳に由来。

一押し二《に》金《かね》三《さん》男《おとこ》

女性にもてるかどうかは、男前は二の次であること。「一閑《ひま》二金三男」（一閑は、女性に尽くす閑があることがいちばん）という言葉もあります。

44
日本人にとっては、どこか懐かしいことわざ

江戸べらぼうに京どすえ

江戸と京都の言葉や気質の違いを表した言葉。

地獄の釜の蓋も開《あ》く

正月と盆は、仕事を休みにするものだという意味。正月と盆は、地獄の鬼も、仕事を休むとされることから。

金時《きんとき》の火事見舞い

真っ赤になった顔のたとえ。とくに、飲酒で赤くなった顔を指す語。ふだんから赤い顔をしている金太郎が火事を見物すれば、なおさら真っ赤になるだろうというシャレ言葉。

弁慶の泣き所

向こう脛のこと。そこから、ただ一つの弱点のたとえ。弁慶のような強者でも向こう脛を蹴られると、痛くて泣き出すだろうということから。

武士に二言《にごん》なし

武士は一度口に出したことは、必ず守るという意味。

大家と言えば親も同然

江戸時代の大家が、店子に対して結婚の承認など、親のような権限を持っていたことを表す言葉。このあと「店子《たなこ》と言えば子も同然」と続きます。

相手変われど主《ぬし》変わらず

相手は変わっても、こちらはいつも同じという意味。

親父は俺より年が上

当たり前であること。この種のことわざは多数あって、「雨の降る日は天気が悪い」や、「犬が西向きゃ尾を東」も同様の意味。

尾《お》張《わり》名《な》古《ご》屋《や》は城でもつ

名古屋は、金の鯱《しゃちほこ》で有名な名古屋城が見どころであり、また自慢でもあるという意味。

子は鎹《かすがい》

子供が鎹（材木をつなぎ合わせる金具）となって、夫婦が別れないでいること。古典落語の題名でもあります。

居《い》候《そうろう》四角い部屋を丸く掃き

居候には横着者が多いという意味。古川柳から。

だんだんよくなる法華《ほっけ》の太鼓《たいこ》

物事や状況がしだいによくなること。日蓮宗信徒の打ち鳴らす団扇《うちわ》太鼓の音がだんだん大きくなるように、という意味。

講釈師《こうしゃくし》見て来たような嘘をつき

歴史物などを語る講釈師が、まるで自分で見てきたように語るさま。古川柳から生まれた言葉。

開《あ》けて悔しき玉手箱

期待はずれで、がっかりすること。浦島太郎が龍宮城から持ちかえった玉手箱を開けると、そこに財宝はなく、白い煙が上がっただけだったことから。「玉手箱」は美しい手箱のこと。

45 「お金」と「数字」をめぐる〝深い〟ことわざ

金のないのは首のないのも同じ

金がないことのつらさをいう言葉。「首のない」とは、死んだも同然という意味。

有りそうでないのが金、無さそうであるのが借金

人の懐具合は、外からではわからないという意味。

色男金と力はなかりけり

色男には、金がなく、力（＝喧嘩）も弱いものが多いという意味。古川柳から生まれた言葉。

行きがけの駄賃

一つの仕事のついでに、他の仕事をして、

利益を得ること。昔、馬子が、馬で問屋に荷物を取りにいく際、ついでに他の荷物を運ぶことで、手間賃を稼いだことから。

金は三欠《さんか》くにたまる

義理・人情、交際の三つを欠いて（三欠く）こそ、金はたまるものという意味。逆にいうと、世間並みでは、金はたまらないという意。

あっても苦労、なくても苦労

お金や子供は、あればあったで苦労し、なければないなりの苦労があるものという意味。

金一升に土一升

土地の値段が高いことのたとえ。金一升でようやく土が一升買えるほどに、地価が高いという意味。

士族の商法

慣れない商売に手を出すと、失敗しやすいという意。明治維新後、慣れない商売で失敗する侍が多かったことから。

世の中は下向いて暮らせ

上（金持ち）を向いたらキリがないので、下（自分よりも貧しい人）を見て、不満を抱かずに暮らしたほうがいいという意。

46 日本人の毎日の暮らしをあらわすことわざ

冬来たりなば春遠からじ

寒い冬のあと、過ごしやすい春が訪れるように、苦しい時期のあとには、喜びがやってくるという意味。

盆と正月が一緒に来る

めでたいことや幸運が重なり、忙しくなること。「お客さんが詰めかけて、まるで盆と正月が一緒に来たような忙しさだ」など。

秋の日は釣瓶《つるべ》落とし

秋になると、日の暮れるのが早くなるという意。「釣瓶」は井戸の水をくみ上げる桶のことで、井戸に放ると一気に落ちていくことから。

暑さ寒さも彼岸まで

春と秋のお彼岸を境として、それまでの寒さ、あるいは暑さは衰えて、しのぎやすい季節が訪れるという意味。

朝日が西から出る

起きるはずがないことが起きることのたとえ。

河豚《ふぐ》は食いたし命は惜しし

快楽や利益は得たいが、あとの祟りや危険がおそろしくて、ためらうことのたとえ。

腹が減っては戦《いくさ》ができぬ

何をするにも、まずは腹ごしらえが大切であることのたとえ。お腹が空いていると、力が入らないので、よい結果を得られない、という意。

同じ釜の飯を食う

ある時期、寝食をともにした仲。「同じ釜の飯を食った仲じゃないですか」が定番の使い方。

鯛《たい》も一人はうまからず

美味しい食べ物も、一人で食べては美味しく感じないという意味。

後ろに柱、前に酒

この「柱」は床柱のことで、床の間を背負い、前に酒を置いて、ゆったりと酒を飲むこと。

酒は憂いの玉箒《たまははき》

酒は憂いをはらってくれるすばらしい箒のようなものであるという意。玉は、すばらしいという意味の接頭語。北宋時代の漢詩に由来する言葉。

酒なくて何の己《おのれ》が桜かな

酒がなくては、花見をしても、いっこうに楽しくないという意味。

今泣いた烏がもう笑う

機嫌が変わりやすいことのたとえ。今、泣いていたかと思うと、もう笑っているという意味。

牛に引かれて善光寺詣り

自分の意思ではなく、他者に導かれて、よい方向に向かうことのたとえ。信濃の善光寺のすぐ近くに住んでいた金貸しの老婆が、さらしておいた布を角にひっかけた牛を追ううち、善光寺に着き、その有り難さを知って行いを反省、深く信心するようになったという話に由来。

蛇の生殺《なまごろ》し

中途半端に手をつけた状態のままにすること。「蛇の生殺し状態はやめてくださいよ」など。

猫にもなれば虎にもなる

猫のようにおとなしくもなれば、虎のように恐ろしくもなるさま。相手の出方によって、やさしくも接すれば、敵対もするという意味で、よく使われます。

一輪咲いても花は花

たとえ一輪でも、花が咲いたことに変わりはないという意味。数は少なくても、劣ることはないという意味のたとえ。

明日ありと思う心の仇桜《あだざくら》かな

明日になると、散ってしまう桜のように、「明日がある」と思っていると、好機を失うことになるという意味。

野中の一本杉

助けてくれる者のいない孤立無援の状態を指す言葉。一人、孤高を保っているようなポジティブな意味ではないので、注意。

8章

動詞、形容詞……
このワードが
「大人ことば」の核心

47 大人なら、このくらいの動詞は使ってみたい

さんざめく

にぎやかに騒ぐという意。「さんざめく星たちよ」という歌詞は、「にぎやかに光り輝く星」というほどの意味になります。

いざなう

さそうこと。「旅へのいざない」など。漢字では「誘う」と書くので、「さそう」と読み分けることが必要。

綴《つづ》る

文章を書くということ。もとは、糸などをつなぎ合わせるという意味です。「拙い文章を綴る」などと使われています。なお、「綴じる」と送り仮名をふると、「とじる」と読みます。

相《あい》成《な》る

「なる」の改まった言い方。「いかが、相成りましたか」や「かような仕儀と相成りました」のように使います。

煙《けむ》たがる

近づきがたく思う。窮屈に感じる。「細かなことに気がつく人ですから、周囲から相当煙たがられているようです」など。

わだかまる

心が晴れ晴れしないさま。不満が残るさま。漢字では「蟠る」と書き、もとの意味は蛇がとぐろを巻くこと。「不満がわだかまる」など。

袖を通す

衣服を着ること。とりわけ、新しい衣服を着ること。「新しく仕立てた背広に袖を通す」など。スーツや和服など、上等で高価な衣服にしっくりくる言葉です。

含むところがある

「含むところ」は、内心に抱える怒りや不満、嫉妬などを意味します。「含むところがある物の言い方」など。

48 ちょっと古風な感じがする〝難読〟の動詞

認《したた》める

書き記すこと。「お礼の手紙を認める」、「恋文に胸の内を認める」、「毛筆で認める」など。「みとめる」とも読むので、文脈に応じて読み分けることが必要です。

微睡《まどろ》む

少しの間、うとうとすること。「しばし、まどろむ」、「木陰でまどろむ」など。「居眠り」よりも、よほど上品な言葉です。

窘《たしな》める

軽く叱る。注意を与える。「機会を見て、やんわり、たしなめておきますよ」など。

与《くみ》する

味方することのやや古風な言い方。「提案者の意見に与する」、「何者にも与しない」のように使います。

愛《め》でる

ほめる。感嘆する。「花鳥風月を愛でる」、「桜を愛でる」など。また、「かわいがる」という意味でも使い、「一人を愛でる」など。

弁《わきま》える

よく承知していること。もとは「物事を区別する」という意味。「場所柄を弁える」、「事情を弁える」、「公私の別を弁える」などと使います。

鑑《かんが》みる

よくよく考えることの大人度の高い言い方。「先例に鑑みまして」、「心情を鑑みると」、「経緯を鑑みるに」、「時局に鑑みて」のように使います。

育《はぐく》む

大事に育てること。親鳥が雛を羽で包み、育てるさまをいう「羽《は》含《くく》む」に由来するとみられます。「子弟を育む」、「愛情を育む」など。

希《こいねが》う

強く願うこと。「冀う」とも書きます。「こいねがわくは〜」は「(切実に)願うことには」という意味。

詳《つまび》らかにする

詳しいところまで、明らかにするという意味。「仔細を詳らかにする」や「事情を詳らかにはしませんが」などが定番の使い方。

脂《やに》下《さ》がる

うぬぼれたり、得意気になってニヤニヤするさま。もとは、煙管《キセル》の雁首を上にあげ、煙草の脂が吸い口のほうに下がるようにしてふかすことで、その格好が気取って見えたことから。

垂《なんな》んとする

まさに、そうなろうとする。「プレーボールから五時間に垂んとする試合」など。「なりなんとする」という古語が音変化した言葉。

揺蕩《たゆた》う

物がゆらゆらと動くさま。「小舟が波間をたゆたう」、「二人の男性の間で、たゆたう気持ち」など。漢字では「揺蕩う」と書きます。

▼すこし古風な感じのする難読の「動詞」を集めてみました。

□曰う（のたまう）　「言う」の尊敬語。「子、曰わくは」。

□培う（つちかう）　育てあげること。語源は「土養《か》う」。「実力を培う」。

□糾う（あざなう）　縄をなう。撚り合わせる。「禍福は糾える縄の如し」。

□集う（つどう）　寄り集まること。集まるはあつまる、集るはたかると読みます。

□衒う（てらう）　学識や才能をひけらかす。「奇を衒う」。

□蹲う（つくばう）　うずくまること。「蹲る」は「うずくまる」と読みます。

□額ずく（ぬかずく）　丁寧におじきをする。地面に額をつけて拝礼する。

□跪く（ひざまずく）　両膝を地につけてかがむこと。「膝まずく」と書くのは×。

□戦く（おののく）　怒りや恐れのため、体がふるえる。「恐怖に戦く」。

□傅く（かしずく）　人に仕え、世話すること。「帝に傅く」。

□嘯く（うそぶく）　大きなことを言う。「将来を嘯く」。

□怯む（ひるむ）　おじけづく。気後れする。「思わず怯む」。

□荒む（すさむ）　荒れ果て、潤いがないこと。「生活が荒む」「心が荒む」。

□佇む（たたずむ）　立ちつくすこと。「一人、佇む」。

□**彩る**（いろどる）
色鮮やかにすること。「季節を彩る」。

□**漲る**（みなぎる）
水や力、感情などが満ちているさま。「力が漲る」。

□**諳じる**（そらんじる）
そらで言えるように覚える。「漢詩を諳じる」。

□**契る**（ちぎる）
約束を交わす。肉体関係を持つこと。「一夜を契る」。

□**辿る**（たどる）
手掛かりを探しながら進む。「記憶を辿る」、「山道を辿る」。

□**則る**（のっとる）
従う。「法律に則る」、「先例に則る」。

□**設える**（しつらえる）
美しくととのえる。「茶室を設える」、「和風に設える」。

□**肖る**（あやかる）
人の長所や幸福と同じようになろうとする。「偉人に肖る」。

□**肯んずる**（がえんずる）
聞き入れる。承諾する。「肯んじない」。

□**娶る**（めとる）
妻として迎える。「妻を娶る」。

□**凍てつく**（いてつく）
こおりつくこと。「凍てついた空」。

□**躙る**（にじる）
膝を押しつけるようにして進む。「敵に躙り寄る」。

□**憚る**（はばかる）
気兼ねして遠慮すること。「世間を憚る」、「人目を憚る」。

□**食む**（はむ）
食物を食べる。「草を食む」、「骨肉相食む」。

□**阿る**（おもねる）
相手の機嫌をとって、こびへつらうこと。「時代に阿る」。

□**謗る**（そしる）
人を非難する。「謗りを受ける」。

□**誑かす**（たぶらかす）
騙し、惑わす。「狐に誑かされる」。

49 大人なら、「形容する言葉」を持っておこう〈基本〉

草深い

鄙びた場所を形容する言葉。「草深い土地に移り住む」など。

わりない

親密なさま。もっぱら、男女の関係に関して使います。「わりない仲」といえば、要するに「できている」という意味。

つねづね

「ふだん」のやや古風な言い方。「社長がつねづね、おっしゃられているように」などと使います。

よもや

まさか。打ち消しの語を伴って、「まさ

か〜しまい」という意味をつくります。「よもや失敗することはないと思いますが」など。

降《ふ》りみ降《ふ》らずみ

降ったりやんだりの古語っぽい言い方。この「み」は、動詞などについて、二つの状態が交互に現れることを意味する接尾語。「降りみ降らずみの雨」など。

一再《いっさい》ならず

「何度も」を格調高く表す言葉。「一再ならずの不注意、お詫びの言葉もございません」などと使います。

曲がりなりにも

不十分なものの、どうにかこうにか。「曲がりなりにも、出来上がりました」など。

今しがた

今さっき。「今しがた、お見えになったところです」など。

久方ぶり

しばらく、時間がたっているさま。「久しぶり」よりも、やや古風に響く言い方。「久方ぶりにお会いします」など。

安気《あんき》に

心配もなく。気楽に。「安気に暮らしておられるようですよ」など。

ことさらに

何らかの意図があって、とくにそうするさま。「小さなミスをことさらに言い立てる」など。

仄《ほの》か

わずかに感じられるさま。「仄かな光」、「仄かな香り」、「仄かな恋心」などと使います。

他ならぬ

他とは違うことを文語っぽく表す言葉。「他ならぬ○○さんからのご依頼でございますので」のように、相手を立てるときに使います。

安くない

男女が特別の関係にあるさま。「あの二人、お安くないね」など。

ざっかけない

ざっくばらん。荒っぽく粗野である。「ざっかけない性格」など。

50 大人なら、「形容する言葉」を持っておこう〈ハイレベル〉

偶《たま》さか

思いがけないさま。めったにないさま。「偶さか、こんなところで、お会いできるとは」など。

予予《かねがね》

以前から。かねて。「かねがね、お噂は伺っておりました」など。

努々《ゆめゆめ》

下に否定語を伴って、「決して〜ない」という意味をつくります。「努々、怠りなく」、「努々、油断めされるな」など。

夙《つと》に

以前から。ずっと前から。今では「夙に

有名」が定番的な使い方です。もともとは、「早朝から」という意味でした。

小体《こてい》

店構えや暮らしぶりなどが、こぢんまりとして慎ましやかなさま。「小体な店」、「小体だが、堅実な暮らしを営む」など。

弥《いや》が上《うえ》にも

いっそう。そのうえに。「弥が上にも盛り上がる」が定番の使い方。

一入《ひとしお》

程度がいっそう増すさま。「喜びも一入」、「懐かしさも一入」など。

動《やや》もすれば

どうかすると。物事がそうなりがちなさま。「動もすれば、失敗しがちな場面」など。

労《いたわ》しい

気の毒で、同情しないではいられないさま。「誠に、お労しいお姿」など。

麗《うら》らか

空が晴れて穏やかなさま。「麗らかな春の日差し」、「麗らかな晴天に誘われて

〜」など。

直々《じきじき》に

本人が直接に、という意味。「社長から直々に手渡される」など。

詮方《せんかた》ない

なすべき方法がないという意。「詮方ないこととは存じますが」など。本来は「為ん方無い」と書きます。

由々《ゆゆ》しい

重大であることの古風な言い方。「由々しい事態というほかはなく〜」などと使います。その一方、「すばらしい」という意味でも使います。

儘《まま》ならない

思いどおりにならないこと。「コロナ禍で、面会も儘なりません」など。

如何《いかん》せん

「どうしようもない」をやや格調高く表現する言葉。「如何せん、ご縁がなかったのかと」、「如何せん、時間が足りませんね」などと使います。

51 「ほめる」「けなす」の懐かしい言葉

今を時めく

盛んにもてはやされているさま。いってみれば、「バズる」の古風な言い方。「今を時めく人気俳優」など。

得《え》も言われぬ

「言葉にできない」の古風な言い方。「得も言われぬ美しさ」など。

得《え》難《がた》い

手に入れにくいさま。貴重であるさま。「得難いチャンス」など。

恭《うやうや》しい

礼儀正しく、丁寧であるさま。「恭しく接する」など。

賑々《にぎにぎ》しい

たいへん、にぎやかなさま。「かくも賑々しいお出迎え、恐縮しております」などと使います。

口さがない

人のことを無遠慮に噂するさま。「口さがない連中には、言わせておきましょうよ」などと使います。

意に満たない

満足できないさま。「意に満たない出来ながら～」などと使います。

沙《さ》汰《た》の限り

もってのほか。論外。「沙汰」（是非を論じること）の「限り」を超えるほど、ひどい様子という意味。「最低限のルールさえ守れないとは、沙汰の限りだ」などと使います。

頼られがいのない

役に立たないこと。おもに、人からの依頼を断るときに、「誠に頼られがいのないことで、申し訳ないのですが～」のように使います。

▼すこし古風な難読の「形容する言葉」です。正しく読めますか？ 意味がわかりますか？

□生温い（なまぬるい） 少しぬるいさま。手ぬるいさま。「生温い処分」。

□心悲しい（うらがなしい） もの悲しい。「心悲しい鐘の音」。

□黙し難い（もだしがたい） 黙って見過ごせない。「黙し難い思い」。

□益体もない（やくたい） 役に立たない。つまらない。「益体もない話」。

□臆面もない（おくめん） 遠慮のない。ずうずうしい。「臆面もなく要求する」。

□禍々しい（まがまがしい） 不吉な様子。「禍々しい空模様」。

□凜々しい（りりしい） 表情や態度がひきしまっているさま。「凜々しい若者」。

□忌々しい（いまいましい） 腹だたしい様子。「まったくもって忌々しい話」。

□艶かしい（なまめかしい） しっとりして色っぽいこと。「艶かしい踊り」。

□瑞々しい（みずみずしい） 新鮮で、生き生きとしていること。「瑞々しい感覚」。

□賢しい（さかしい） 生意気で、こざかしい様子。「賢しい口をきく」。

□懇ろ（ねんごろ） 心がこもっているさま。「懇ろに接する」。

□清やか（さやか） 澄んではっきり聞こえるさま。「清やかな鈴の音」。

ほ

ま

み

む

め

も

や

に

ぬ

ね

の

は

て

と

な

そ

た

ち

つ

し

す

せ

さ

か

う

え

お

大人ことば辞典・さくいん

あ

い

編者紹介

ことば探究舎 「話す」「読む」「書く」「聞く」に関わる実践的な情報を発信するために結成されたライター・編集者グループ。快適な人間関係、仕事のスキル向上、教養力アップを目指すすべての社会人が、最短の時間で最大の成果を上げることをめざして活動している。本書では、情感にあふれた、ユニークで新鮮な「大人ことば」を選りすぐり、その使い方とともに紹介する。大人社会で通用する教養の日本語が自然と身につく一冊。

しみる・エモい・懐《なつ》かしい 大人《おとな》ことば辞典《じてん》

2023年3月30日　第1刷

編　　者　ことば探究舎《たんきゅうしゃ》

発 行 者　小澤源太郎

責任編集　株式会社 プライム涌光
電話　編集部　03(3203)2850

発 行 所　株式会社 青春出版社
東京都新宿区若松町12番1号 〒162-0056
振替番号　00190-7-98602
電話　営業部　03(3207)1916

印刷　三松堂　　製本　大口製本

万一、落丁、乱丁がありました節は、お取りかえします。

ISBN978-4-413-23297-5 C0030